入試で役立つ!

入試対策ミニBOOK

社会

入試問題の読み取りポイント

入試でどのような内容が問われているのか，どの知識を使って解けばよいのか，よく出題される内容をもとに，読み取り方や解答のポイントを知ることができます。

世界の雨温図の見分け方

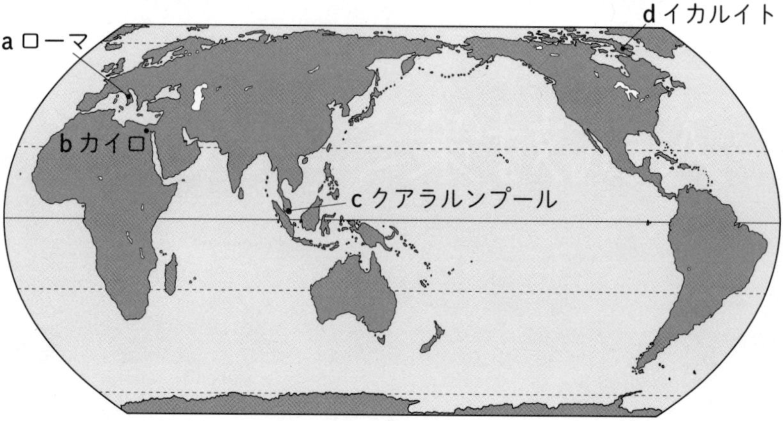

よくある問題文

地図中の a ～ d の都市の雨温図を，次の**ア**～**エ**からそれぞれ選びなさい。

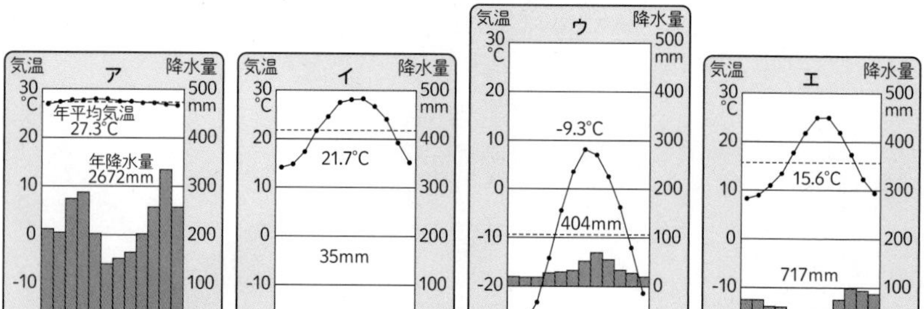

（「理科年表 2018」ほか）

もくじ・学習の記録

ページ　　学習の記録

（第1回～第5回：地理，第6回～第11回：歴史，第12回～第15回：公民）

[写真提供] AFP/時事／ジャパンアーカイブズ／多賀城市教育委員会／徳川美術館イメージアーカイブ/DNPartcom／函館市教育委員会／福井市

入試までの勉強法

【合格へのステップ】

3月

- 1・2年の復習
- 苦手教科の克服

苦手を見つけて早めに克服していこう！　国・数・英の復習を中心にしよう。

7月

- 3年夏までの内容の復習
- 応用問題にチャレンジ

夏休み中は1・2年の復習に加えて，3年夏までの内容をおさらいしよう。社・理の復習も必須だ。得意教科は応用問題にもチャレンジしよう！

9月

- 過去問にチャレンジ
- 秋以降の学習の復習

いよいよ過去問に取り組もう！できなかった問題は解説を読み，できるまでやりこもう。

12月

- 基礎内容に抜けがないかチェック！
- 過去問にチャレンジ
- 秋以降の学習の復習

基礎内容を確実にすることは，入試本番で点数を落とさないために大事だよ。

本番！

【本書の使い方と特長】

はじめに

苦手な内容を早いうちに把握して，計画的に勉強していくことが，
入試対策の重要なポイントになります。
本書は必ずおさえておくべき内容を１回４ページ・15回で学習できます。

ステップ1

基本事項を確認しよう。
自分の得意・不得意な内容を把握しよう。

ステップ2

制限時間と配点がある演習問題で，ステップ１の内容が身についたか確認しよう。
UP の問題もできると更に得点アップ！

高校入試 実戦テスト

実際の公立高校の入試問題で力試しをしよう。
制限時間と配点を意識しよう。

別冊解答

解説で解き方のポイントなどを確認しよう。
入試につながる で入試の傾向や対策，
得点アップのアドバイスも確認しよう。

解き方動画

わからない問題があるときや，もっとくわしく知りたいときは
無料の解き方動画を見ながら学習しよう。

わからない問題に時間をかけすぎずに，解答と解説を読んで理解して，もう一度復習しよう。

▶ 動画の視聴方法

対応 OS：iOS 12.0 以上（iPad，iPhone，iPod touch 対応）／ Android 6.0 以上

① App Store や Google Play で
「スマレク ebook」と検索し，
専用アプリ「スマレク ebook」を
インストールしてください。

②「スマレク ebook」で専用のカメラを起動し，紙面にかざすと
解き方動画が再生されます。

[AR カメラ] をタップ
してカメラを起動します。

カメラを紙面に
かざします。

解き方動画が再生されます。
※画像は数学の動画授業です。

※動画の視聴には別途通信料が必要となりますので，ご注意ください。

第1回 ステップ1

地理1

月　日

世界の姿と日本の姿

六大陸と六大州

- 面積…最も広い大陸はユーラシア大陸，最も広い海洋は太平洋。
- 人口…最も人口が多い州は**アジア**州，最少はオセアニア州。

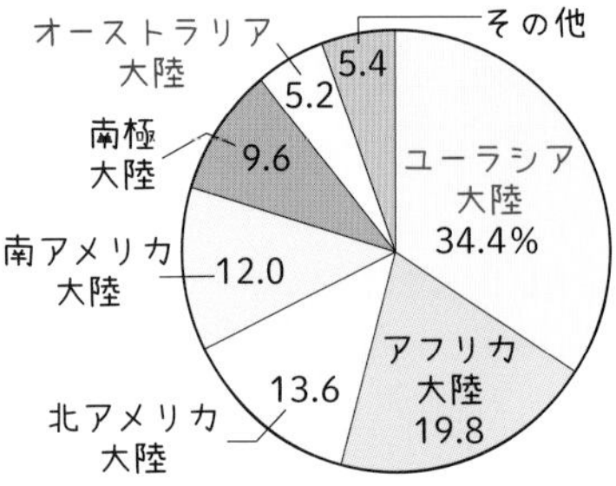

▲大陸別面積の割合

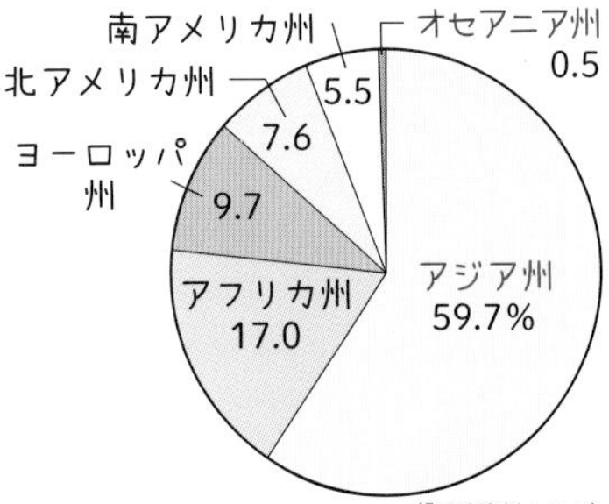

（「国連資料」ほか）

▲州別人口の割合

三大洋の面積は広い順に，太平洋→大西洋→インド洋。

正距方位図法

- 中心（右の地図の場合は，東京《とうきょう》）からの**距離《きょり》**と**方位**が正しい地図で航空図に使われる。中心から離《はな》れるほど形が変わる。（南アメリカ大陸に注意）。

（距離）中心と結んだ２地点間の直線が最短距離となる。

▶ A，B，C，Dのうち，中心から最も遠い都市はC，最も近い都市はBである。

（方位）

▶ 中心から東に向かって飛ぶと**南アメリカ大陸**に着く。

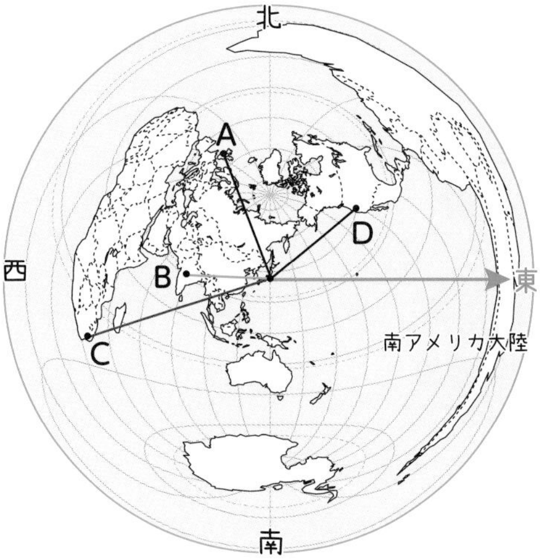

▲東京を中心に描かれた地図

円の直径は，地球の円周の約４万km。

メルカトル図法

- 経線と緯線《いせん》が直角に交わり，航海図に使われた。
- 緯度が高いほど実際の距離や面積よりも長く広く描《えが》かれる。よって地図上の長さが同じ場合でも，低緯度になるほど実際の距離は長くなる。

▶ 右の地図中のX，Y，Zのうち，実際の距離が最も長いのはZで，距離が最も短いのはXである。

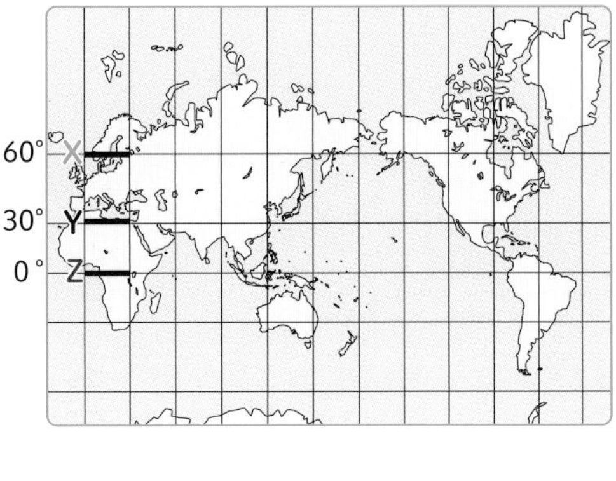

時差

- イギリスのロンドンが１月10日午後４時のとき，東京は何月何日の何時か。

  ▶① (135−0)÷15＝９（時間）

  ②
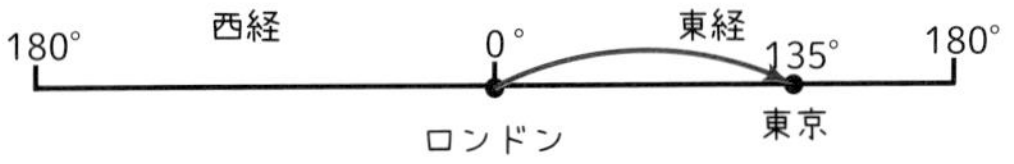

  ③ 午後４時から９時間，時刻を進めるので，

  答え　１月11日　午前１時

- 東京が１月14日午後９時のとき，ロサンゼルス（西経120度）は何月何日の何時か。

  ▶① (135＋120)÷15＝17（時間）

  ②
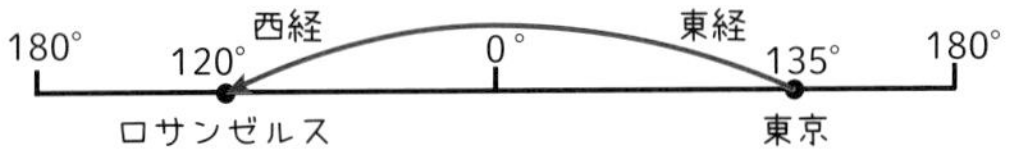

  ③ 午後９時から17時間，時刻を戻《もど》すので，

  答え　１月14日　午前４時

時刻の求め方

①２地点の経度の差を出し，15で割って，２地点の時差を出す。
②数直線を引き，左に西経180度，右に東経180度，中心に０度を書き，２地点の都市を書く。
③数直線上で，時刻を知りたい都市が比べる都市の右側に位置する場合は，時間を進める。左側に位置する場合は，時間を戻す。

２地点の時差の求め方

・東半球どうし（西半球どうし）の時差
（数値の大きい経度−数値の小さい経度）÷15
・東半球と西半球の時差
（東半球の経度＋西半球の経度）÷15

日本の領域

- 領域…領土，領海，領空で構成。
- 排他的経済水域…沿岸から**200海里**（約370km）のうち，領海12海里を除いた部分。沿岸国が水域内の水産資源や鉱産資源を管理する。日本は島国で離島が多くあることから，排他的経済水域《はいたてきけいざいすいいき》の面積は，国土面積の10倍以上ある。

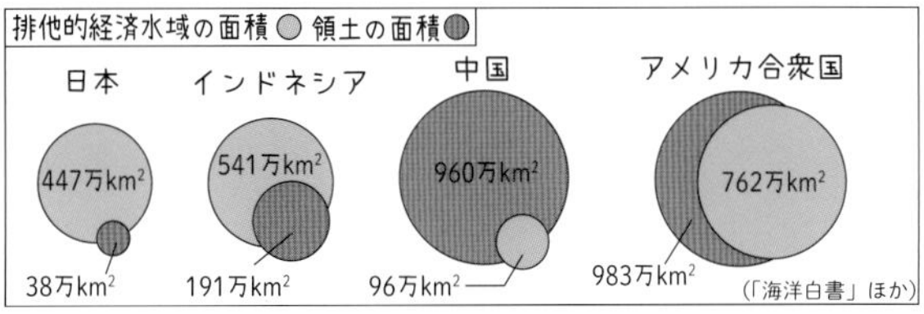

▲おもな国の領土と排他的経済水域の面積

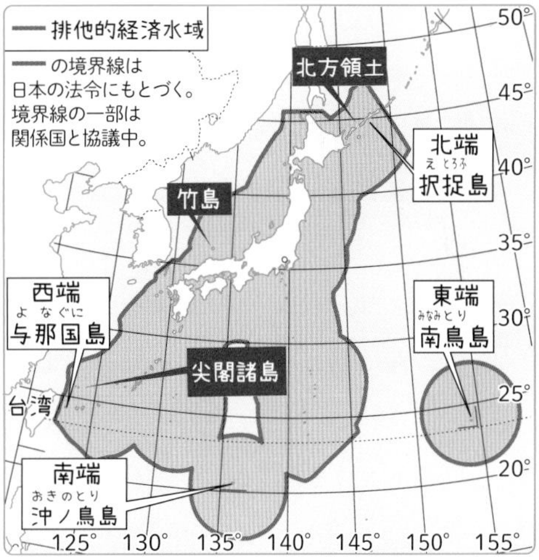

▲日本の端と領土をめぐる問題

- 日本の端…**沖ノ鳥島《おきのとりしま》**（東京都）は排他的経済水域を守るために護岸工事を行った。

ここに注意　領土をめぐる問題

・北方領土《ほっぽうりょうど》（北海道《ほっかいどう》）…ロシア連邦《れんぽう》が不法に占拠《せんきょ》。　・竹島《たけしま》（島根《しまね》県）…韓国《かんこく》が不法に占拠。
・尖閣諸島《せんかくしょとう》（沖縄《おきなわ》県）…中国《ちゅうごく》が領有権を主張。

第1回 ステップ2

地理1

世界の姿と日本の姿

時間 30 分　目標 70 点

得点　　点

解答 別冊 p.2

1 次の問いに答えなさい。

50点（各5点，(6)(7)完答）

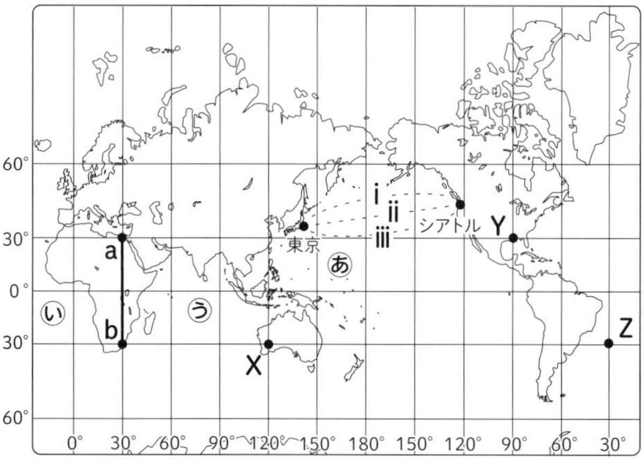

(1) 地図中のXとYの位置を書きなさい。

X（　　緯　　度・　　経　　度）

Y（　　緯　　度・　　経　　度）

(2) 地図中のZの対蹠点《たいせきてん》（地球上のある1地点から，地球の中心を通った反対の地点）を書きなさい。

（　　緯　　度・　　経　　度）

(3) 地図中のあ～うの海洋を面積の広い順に並べ替えなさい。

（　　→　　→　　）

(4) 地図中のa－b間の実際の距離《きょり》を，次のア～エから選びなさい。（　　）

ア 約2222km　**イ** 約4444km　**ウ** 約6666km　**エ** 約8888km

(5) 地図中の東京《とうきょう》からシアトルまでの航路のうち，最短距離を示しているものを，i～iiiから選びなさい。（　　）

(6) ①日本とほぼ同じ緯度《いど》に属する国と，②世界で最初に新年を迎《むか》える国を，次のア～エからそれぞれ選びなさい。①（　　）②（　　）

ア スウェーデン　**イ** ニュージーランド

ウ スペイン　**エ** インドネシア

(7) 右のグラフは世界の地域別人口の推移を示したものである。A，Bにあてはまる州をそれぞれ書きなさい。

A（　　州）B（　　州）

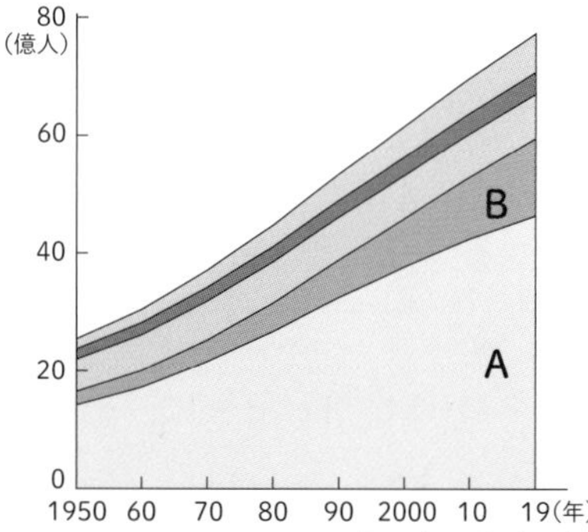

（「2020/21 世界国勢図会」）

(8) ロンドンが12月14日午後6時のとき，東京は何月何日の何時か，午前・午後を明らかにして書きなさい。

（　　月　　日　　時）

(9) 成田《なりた》国際空港を1月3日の午前6時に出発し，7時間飛行機に乗ってハワイ（西経150度）に着いたとき，到着時刻は現地時間で何月何日の何時か，午前・午後を明らかにして書きなさい。

（　　月　　日　　時）

2 二つの地図を見て，あとの問いに答えなさい。

10点（各5点，(1)完答）

Ⅰ

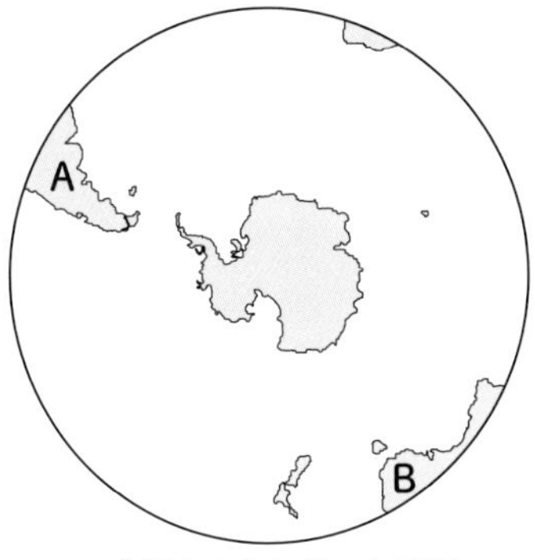

▲南極を中心に描いた地図

Ⅱ

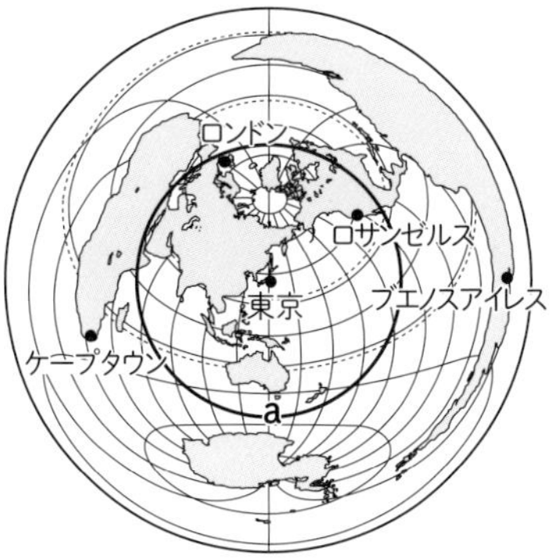

▲東京を中心に描いた地図

(1) 地図Ⅰ中のA，Bの大陸名をそれぞれ書きなさい。

A（　　　　　　　　大陸）　B（　　　　　　　　大陸）

(2) 地図Ⅱについて，次の**ア**～**オ**から正しいものを選びなさい。（　　　）

ア　aは赤道を表している。

イ　東京から見てロサンゼルスは北西の方角にある。

ウ　東京から真東に向かうと，最短距離でブエノスアイレスに到着する。

エ　東京からロンドンまでの距離は，東京からケープタウンまでの距離より長い。

オ　東京から真南に向かって地球を一周したとき，通過する大陸はオーストラリア大陸と南極大陸のみである。

3 次の問いに答えなさい。

40点（各5点）

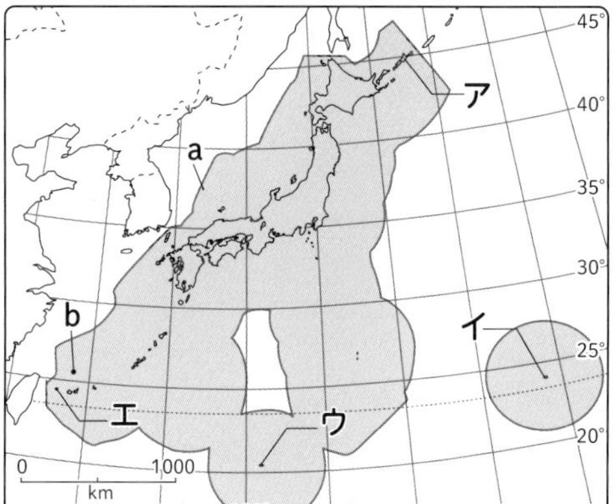

(1) 地図中の**ア**～**エ**は日本の端《はし》の島である。これらの島名を書きなさい。

ア（　　　　　）　**イ**（　　　　　）

ウ（　　　　　）　**エ**（　　　　　）

(2) ▭の部分は日本の沿岸から最大200海里の水域である。この水域を何というか，書きなさい。

（　　　　　　　　）

(3) aは韓国《かんこく》が不法に占拠《せんきょ》している。この島名を書きなさい。（　　　　　）

(4) bは中国《ちゅうごく》が領有権を主張している。この島名を書きなさい。（　　　　　）

(5) 日本を七地方に分けた場合，中国・四国地方で県名と県庁所在地名が異なる県はいくつあるか，書きなさい。（　　　つ）

ヒント　1 (4)地球は球体なので，一周は360度。円周は約40000km。a－b間は60度である。

1 (9)ハワイと東京の時差を求め，成田国際空港の出発時刻をハワイの現地時間に直し，飛行時間を足す。

地理2

月　日

第2回 ステップ1 世界の人々の生活と環境

世界の気候（雨温図の見分け方）

熱帯（最低気温18℃以上）

熱帯雨林気候　降水量が多い

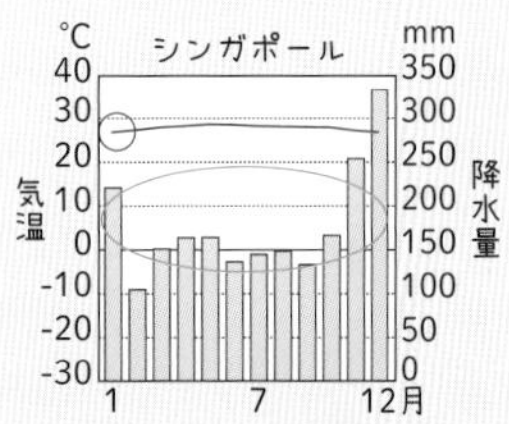

（「理科年表 2022」）

おもな都市
m シンガポール，q ジャカルタ

特色
- スコール，密林
- 高床《たかゆか》の建物

サバナ気候　雨季と乾季がある

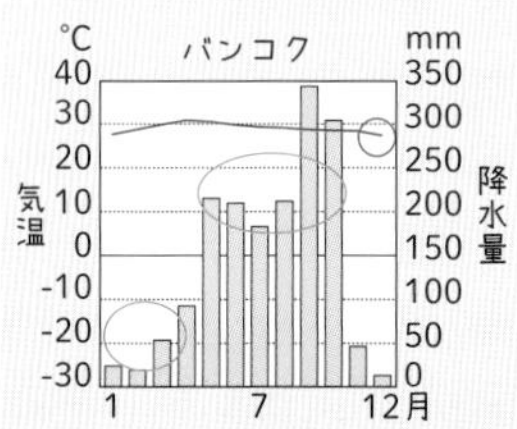

（「理科年表 2022」）

おもな都市
l バンコク，x リオデジャネイロ

特色
- 伝統的な壁《かべ》のない家

温帯（最低気温－3℃～ 18℃未満）

温暖湿潤気候　夏に降水量が多い

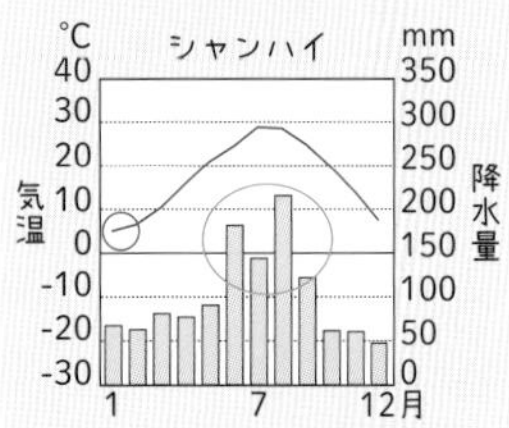

（「理科年表 2022」）

おもな都市
n シャンハイ，p ニューヨーク，t シドニー

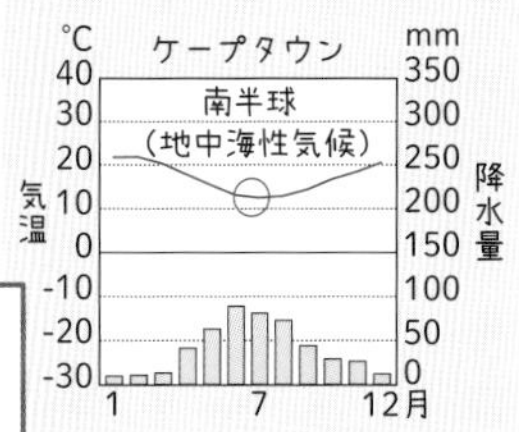

（「理科年表 2022」）

- 北半球と南半球で季節は逆転する

北半球：夏→南半球：冬
北半球：雨季→南半球：乾季《かんき》

地中海性気候　夏に降水量が少ない

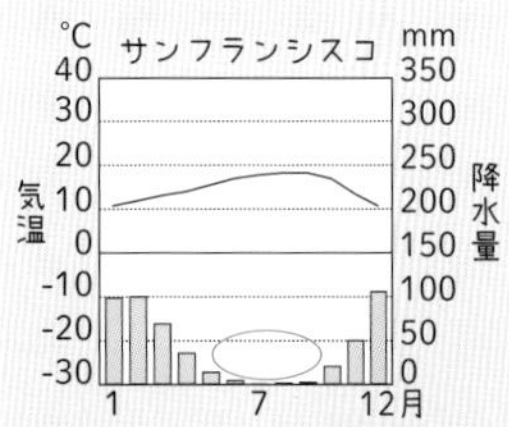

（「理科年表 2022」）

おもな都市
a バルセロナ，o サンフランシスコ，s パース

特色
- 石造りで小さな窓の住居，夏にオリーブ，冬に小麦を栽培《さいばい》

西岸海洋性気候　降水量がほぼ一定

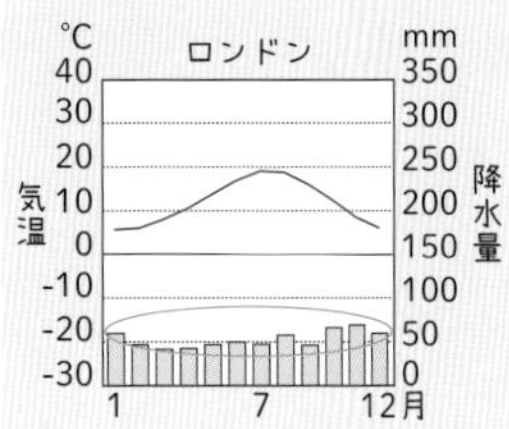

（「理科年表 2022」）

おもな都市
b パリ，c ロンドン，u ウェリントン

特色
- ヨーロッパ西岸では偏西風《へんせいふう》の影響《えいきょう》で高緯度《こういど》であるが冬でも温暖

乾燥帯

砂漠気候　降水量がとても少ない

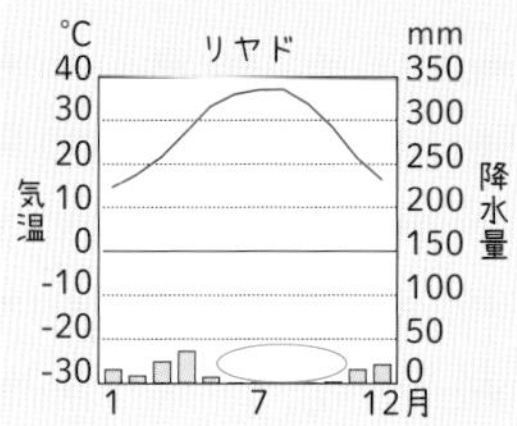

（「理科年表 2022」）

おもな都市
i カイロ，k リヤド

ステップ気候　雨季と乾季がある

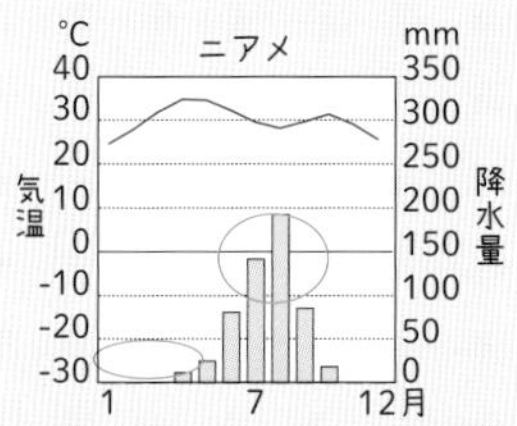

（「理科年表 2022」）

おもな都市
e ウランバートル，j ニアメ，r アリススプリングス

特色
- 乾燥《かんそう》帯は回帰線付近に分布
- モンゴルの遊牧民のゲル，日干しれんがの家
- 砂ぼこりや日差しを防ぐための肌《はだ》を出さない服
- イスラム教信者が多い

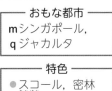

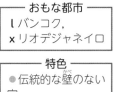

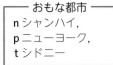

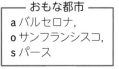

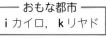

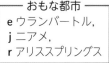

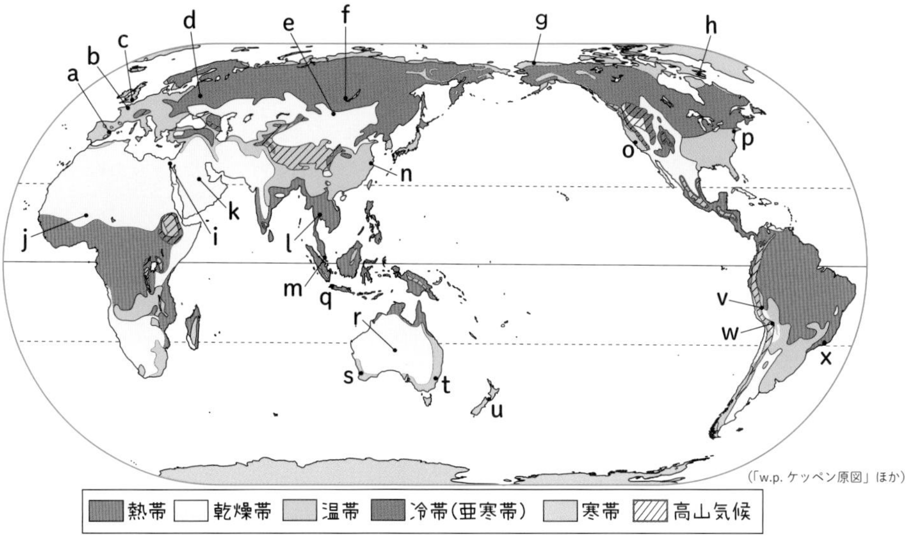

▲世界の気候帯

寒帯（最低気温－3℃未満）

ツンドラ気候

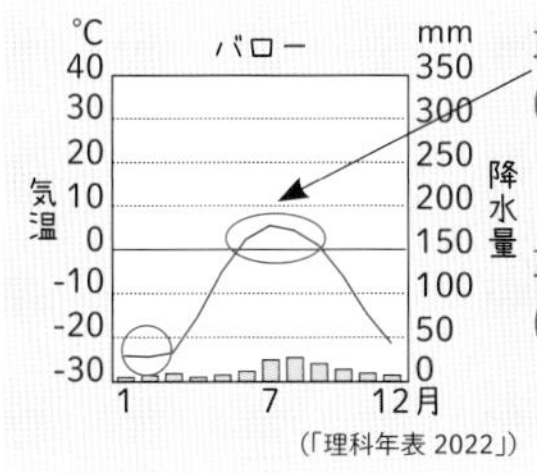

氷雪気候

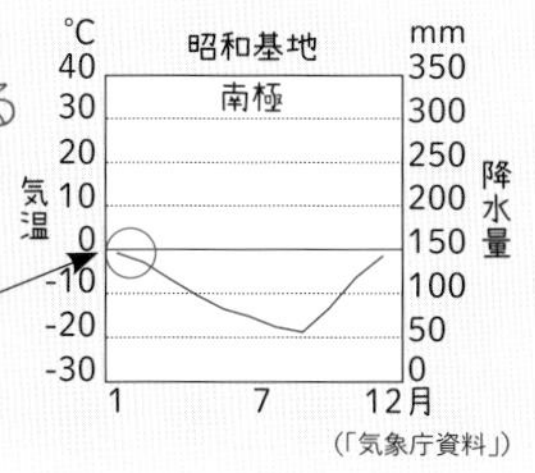

おもな都市

g バロー，h イカルイト

特色

- 夏にコケが生える
- イヌイットが住んでいる

冷帯（亜寒帯）

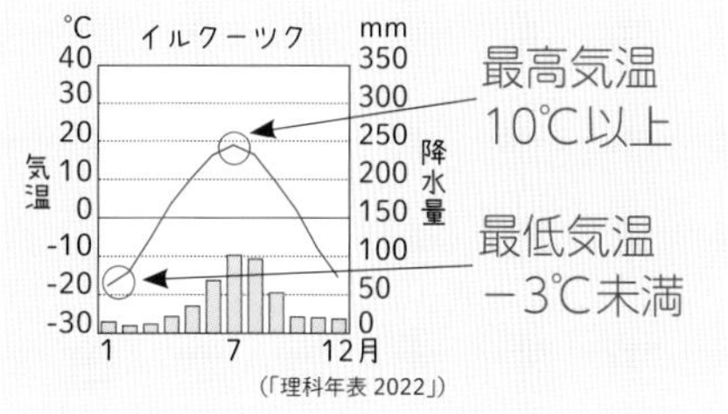

おもな都市

d モスクワ，f イルクーツク

特色

- **針葉樹林帯（タイガ）**
- **永久凍土**《とうど》の上に高床の建物

高山気候

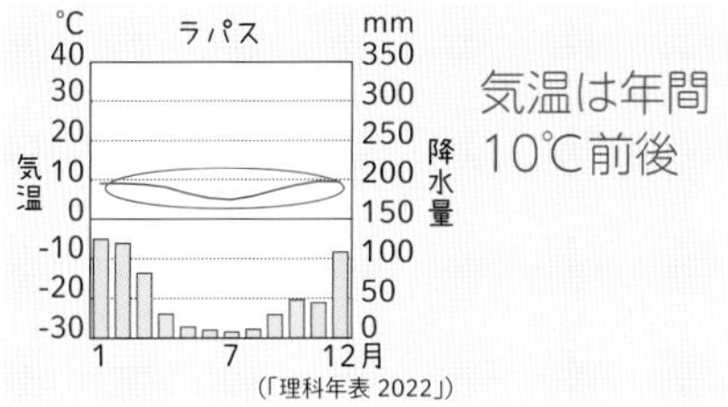

おもな都市

v クスコ，w ラパス

特色

- **アンデス山脈**の高地で見られる
- ポンチョの着用
- **リャマ**や**アルパカ**の放牧

宗教

仏教
↓
キリスト教
↓
イスラム教

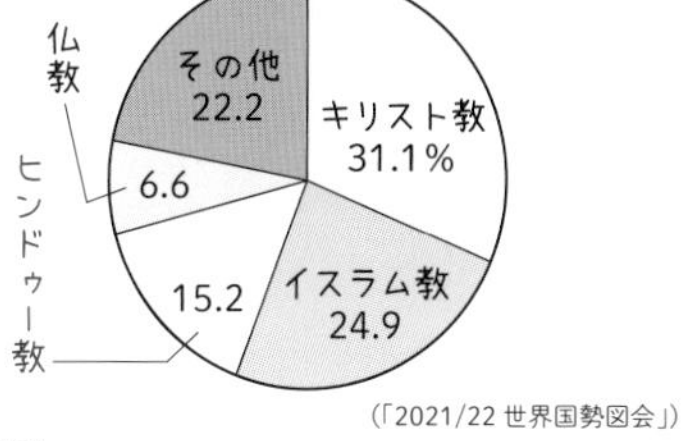

▲宗教の成立順と宗教別人口割合

- イスラム教…酒や豚肉《ぶたにく》は口にしない。1日5回，聖地に向かって祈《いの》る。一年のうち一ヶ月間，昼間に断食《だんじき》をする。女性は肌を見せない。
- ヒンドゥー教…牛を神聖な動物と考える。ヒンドゥー教を信仰《しんこう》する人口は三番目に多い。

第2回 ステップ2

地理2

世界の人々の生活と環境

時間 30分 目標 70点

得点 点

解答 別冊 p.4

1 次の問いに答えなさい。

50点（各5点，(6)完答）

(1) 地図中のA～Cから赤道を選びなさい。（　　）

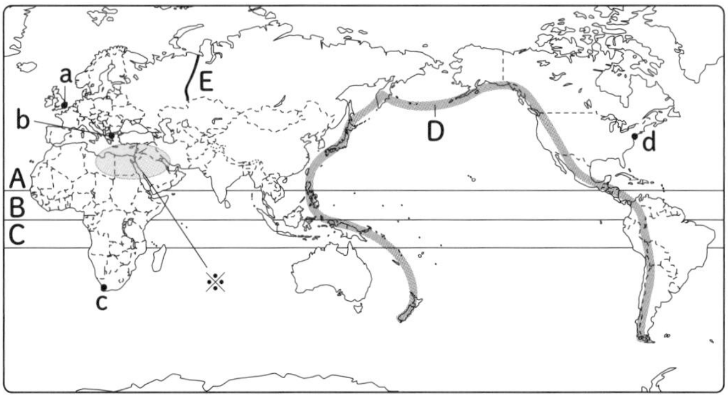

(2) 地図中のDの地域に分布する造山帯名を書きなさい。また，この造山帯に含まれる山脈を，次のア～エから2つ選びなさい。

ア　ロッキー山脈

イ　アルプス山脈

ウ　アンデス山脈　　**エ**　アパラチア山脈

（　　　　造山帯）（　　・　　）

(3) 地図中のEのアジア州とヨーロッパ州を分ける山脈名を書きなさい。

（　　　　山脈）

(4) 地図中のa～dの都市の雨温図を，次のア～エからそれぞれ選びなさい。

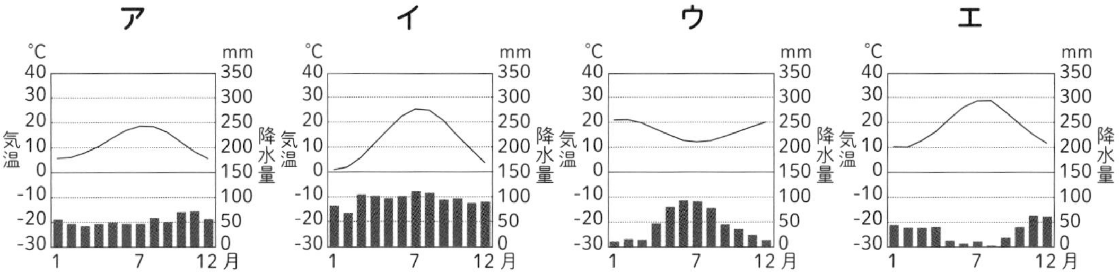

（「理科年表 2022」）

a（　　）　b（　　）　c（　　）　d（　　）

(5) 地図中の※の地域でさかんに信仰されている宗教について述べたものを，次のア～エから選びなさい。（　　）

ア　日曜日は教会に祈りに行く。　　**イ**　牛を神聖な動物と考えている。

ウ　コーランを生活のよりどころにしている。　　**エ**　日本には6世紀に伝わった。

UP (6) 右の図は，シンガポール，バンコク（タイ），リヤド（サウジアラビア），サンフランシスコ（アメリカ合衆国《がっしゅうこく》）の年平均気温と年間降水量を示したものである。バンコクとサンフランシスコを，図中のW～Zからそれぞれ選びなさい。

バンコク（　　）　サンフランシスコ（　　）

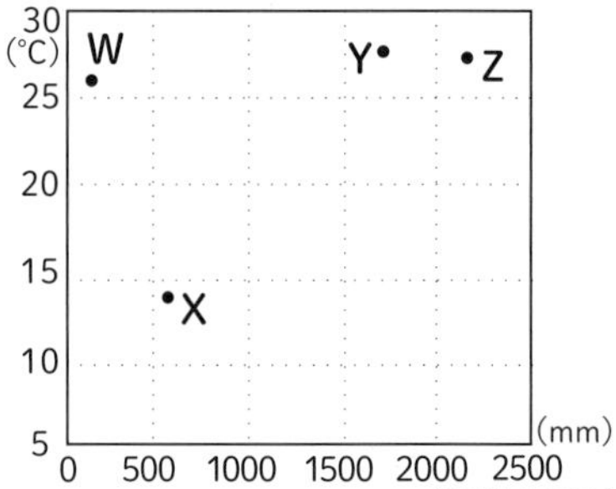

（「理科年表 2022」）

2 右の地図を見て，次の問いに答えなさい。

35点（各５点）

(1) 右の地図中のａ～ｄのいずれかの地域の住居について述べたものを，次の**ア**～**エ**からそれぞれ選びなさい。

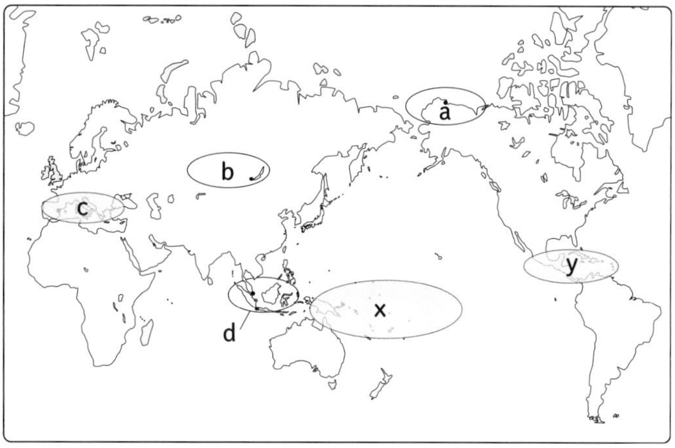

ア 暑さや湿気《しっけ》を防ぐため，木の幹や枝葉などでつくられた高床《たかゆか》の住居が見られる。

イ 窓が小さく，石でつくられた壁《かべ》の住居が見られる。

ウ 永久凍土《とうど》がとけて住居が傾くのを防ぐため，高床にした住居が見られる。

エ 氷の固まりを積み上げてつくるイグルーが見られる。

ａ（　　　）　ｂ（　　　）　ｃ（　　　）　ｄ（　　　）

(2) 地図中のｃ，ｘ，ｙの食文化について述べたものを，次の**ア**～**ウ**からそれぞれ選びなさい。

ア タロいもやヤムいもなどを栽培《さいばい》し，熱した石で蒸して食べる。

イ とうもろこしを栽培し，とうもろこしの粉でつくった薄《うす》いパンを食べる。

ウ 小麦を栽培し，パンや麺《めん》などを食べる。

ｃ（　　　）　ｘ（　　　）　ｙ（　　　）

UP 3 次の表は，大陸別の気候帯の割合を示したものである。ａ～ｃの大陸名を書きなさい。

15点（各５点）

	a	b	c	d	オーストラリア大陸	南極大陸
熱帯	7.4	63.4	38.6	5.2	16.9	-
乾燥帯	26.1	14.0	46.7	14.4	57.2	-
温帯	17.5	21.0	14.7	13.5	25.9	-
冷帯（亜寒帯）	39.2	-	-	43.4	-	-
寒帯	9.8	1.6	-	23.5	-	100

（「データブック　オブ・ザ・ワールド 2021」）

ａ（　　　　）大陸　ｂ（　　　　）大陸　ｃ（　　　　）大陸

ヒント　1 (6)バンコクは雨季と乾季があるサバナ気候，リヤドは乾燥帯である。
3 南半球には冷帯（亜寒帯）はない。寒帯がない大陸や乾燥帯の割合が大きい大陸に着目する。

第3回 ステップ1

地理3

世界の諸地域

各国の人口　☆およその人口をおさえる。

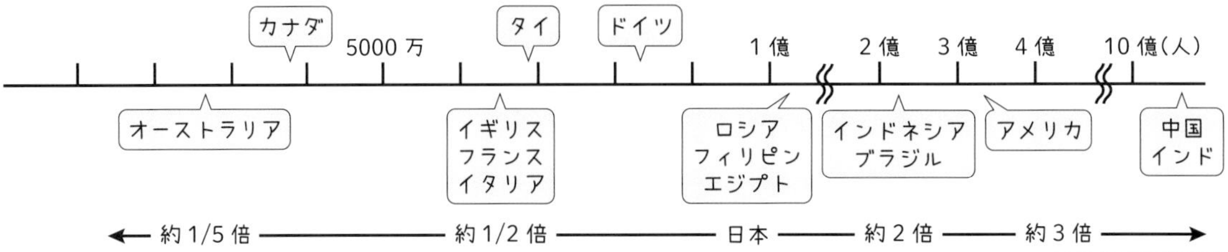

(「2021/22 世界国勢図会」)

国内総生産［GDP］　☆およその経済規模をおさえる。

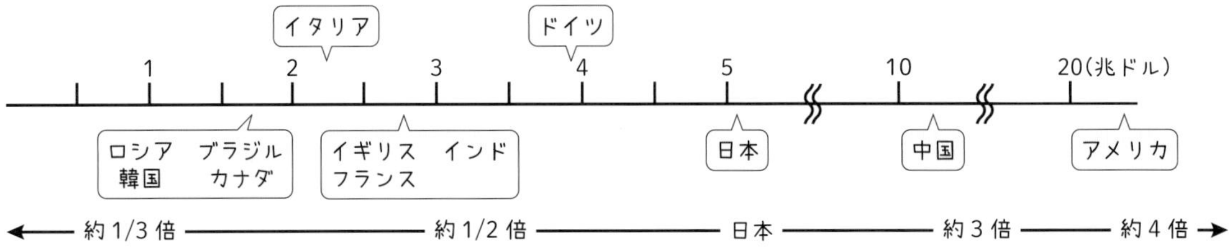

(「2021/22 世界国勢図会」)

● アジア州　☆米や小麦など，農作物の生産順位を覚える。

季節風

夏：海から陸（雨季）
冬：陸から海（乾季）

特に**南アジア**での季節風の吹く向きに注意する（右ページの地図を参照）。

小麦	米	茶	米
生産	生産	生産	輸出
中国	中国	中国	インド
インド	インド	インド	タイ
ロシア	インドネシア	ケニア	ベトナム

中国・インドが上位の場合は3位まで覚える。
中国北部では小麦，南部では米の生産がさかん（右ページの地図を参照）。

● オセアニア州　☆鉱産資源などの産地をおさえる。

▲鉄鉱石
生産：オーストラリア，ブラジル，中国

■石炭
生産：中国，インド，インドネシア

オーストラリアでは鉄鉱石は西側，石炭は東側（右ページの地図を参照）。

○羊毛
生産：中国，オーストラリア，ニュージーランド

◎牛肉
輸出：ブラジル，オーストラリア，アメリカ

オーストラリアでは牛は南回帰線の北側，羊は南側（右ページの地図を参照）。

● アフリカ州

☆モノカルチャー経済について理解する。

モノカルチャー経済とは，特定の鉱産資源や農作物の生産・輸出にたよる経済のこと。

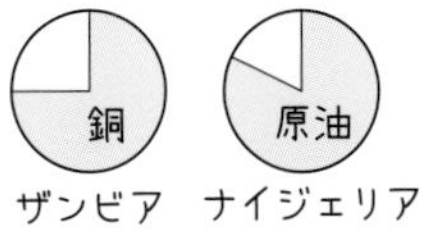

↓

天候の不順などによる不作や，国際価格の下落の影響《えいきょう》を受けると，輸出による収入が大きく減ることがある。

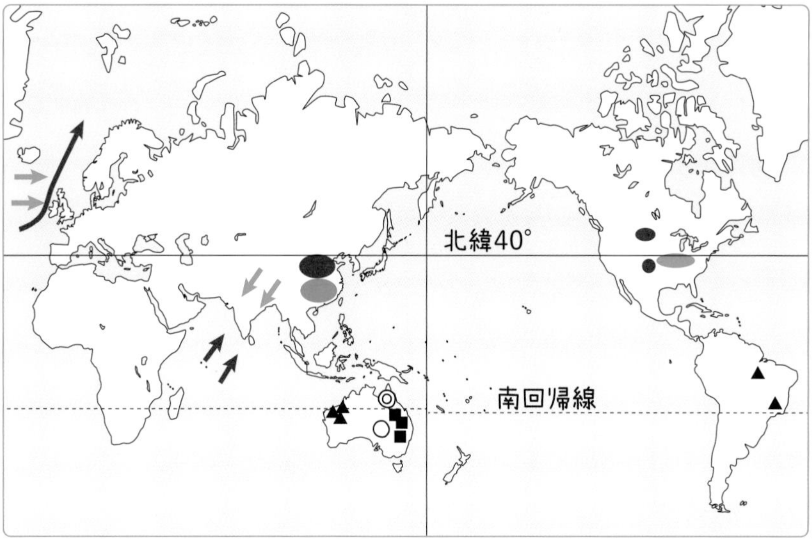

● ヨーロッパ州

☆気候が温暖な理由をおさえる。

高緯度《こういど》のわりに温暖な理由

偏西風《へんせいふう》が，暖流である北大西洋海流によって温められた空気を大陸に運ぶから（上の地図を参照）。

北緯40°の緯線が通過する地域

ヨーロッパ（南部）― 中国（北部）― 日本（秋田県）― アメリカ（中部）

ヨーロッパ南部が日本の**東北地方**と同じくらいの緯度に位置する。

地中海式農業
夏：オリーブ
冬：小麦

→ **オリーブ**
生産　スペイン　イタリア

● 北アメリカ州

☆小麦，とうもろこしなどの生産地を覚える。

適地適作

小麦（輸出）	とうもろこし（生産）
ロシア	アメリカ
アメリカ	中国
カナダ	ブラジル

● 南アメリカ州

☆バイオ燃料の利点と問題点に注意する。

利点

原料となる植物が大気中の二酸化炭素を吸収するため，大気中の二酸化炭素が増えず，環境《かんきょう》に優しい。

さとうきび
生産　ブラジル

→ **問題点**

農地や輸送用道路の建設のために熱帯林を伐採《ばっさい》している。

おもな輸出品 ☆特徴《とくちょう》ある品目をおさえる。

（「2021/22 世界国勢図会」）

中国	インドネシア	タイ	ロシア	オーストラリア	ブラジル
機械類	石炭	機械類	原油	鉄鉱石	大豆
衣類	パーム油	自動車	石油製品	石炭	原油
繊維《せんい》品	機械類	プラスチック	鉄鋼	金(非貨幣用)	鉄鉱石
金属製品	衣類	金(非貨幣《かへい》用)	石炭	肉類	肉類

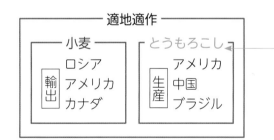

第3回 ステップ2

地理3

世界の諸地域

時間 30分 目標 70点 得点 点

解答 別冊 p.6

1 次の問いに答えなさい。

50点（各5点，(4)(5)(8)完答）

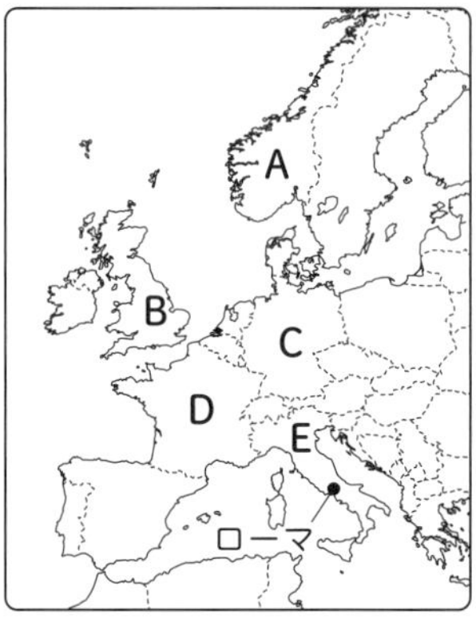

(1) 地図中Aの海岸に見られる，複雑に入り組んだ氷河地形を何といいますか。カタカナで書きなさい。

（　　　　　　　　）

(2) おもにCを通って北海に注ぐ国際河川《かせん》の名称《めいしょう》を書きなさい。

（　　　　　　　　）川

(3) 地図中のローマと最も近い緯度《いど》に位置する日本の都市を，次のア～エから選びなさい。（　　）

ア 札幌《さっぽろ》市　イ 秋田《あきた》市　ウ 京都《きょうと》市　エ 広島《ひろしま》市

(4) 次の①～③の文にあてはまる国を，地図中のB～Eからそれぞれ選びなさい。

①（　　）②（　　）③（　　）

①この国はEU最大の農業国で，農業の機械化や化学肥料の利用が進んでいる。

②この国はEU最大の工業国であるとともに混合農業も発達している。

③ゲルマン系言語を話す人が多い。2020年にEUを離脱した。

(5) 次の文中の①，②にあてはまる語句を書きなさい。

○ヨーロッパが高緯度であるにもかかわらず温暖な気候であるのは，近くを流れる（ ① ）海流と，その上空を吹《ふ》く（ ② ）のためである。

①（　　　　）②（　　　　）

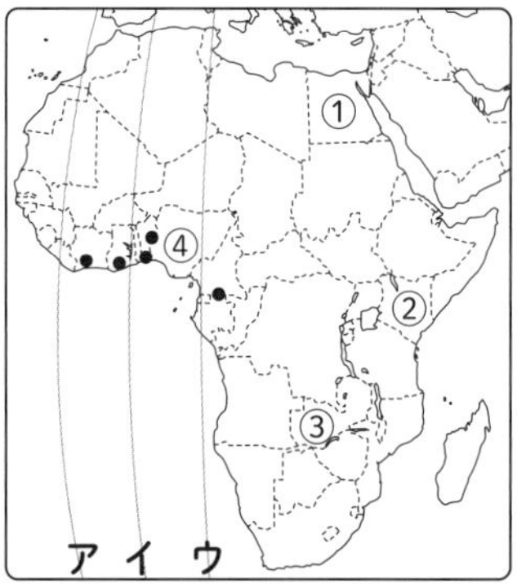

(6) 本初子午線を右の地図中のア～ウから選びなさい。

（　　）

(7) 地図中●でさかんに栽培《さいばい》されている農作物を，次のア～エから選びなさい。（　　）

ア 綿花　イ 大豆　ウ カカオ　エ コーヒー

(8) 右下のX～Zのグラフは，アフリカの3つの国の総輸出額に占《し》める輸出額1位の品物の金額割合を示している。X～Zにあてはまる国を地図中の①～④からそれぞれ選びなさい。

X（　　）Y（　　）Z（　　）

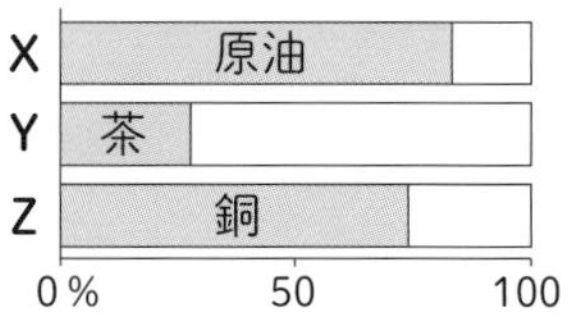

（「データブック オブ・ザ・ワールド 2021」）

(9) 右のグラフにも見られる，特定の農作物や鉱産資源が輸出の多くを占め，一国の経済を支えている経済を何といいますか。

（　　　　　　　　）

(10) アフリカ大陸で多く産出する，ハイテク産業などの素材として必要とされる希少な金属を何といいますか。カタカナで書きなさい。（　　　　　　　　）

2 次の問いに答えなさい。
35点（各5点，(3)(4)完答）

(1) 中国《ちゅうごく》の農業について述べた次の文章の①，②にあてはまる記号を地図中の **a**・**b** から，③，④にあてはまるグラフを右下の**ア**～**ウ**からそれぞれ選びなさい。

○米は，おもに地図中の（　①　）の地域で栽培され，小麦は，おもに地図中の（　②　）の地域で栽培される。また，米の生産量を示したグラフは（　③　）で，小麦の生産量を示したグラフは（　④　）である。

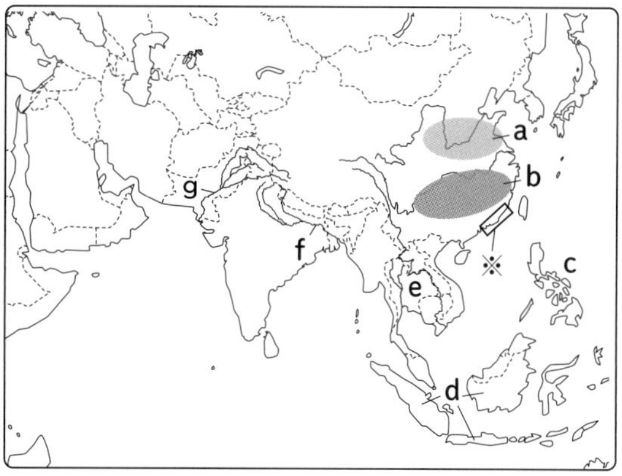

①（　　　　）　②（　　　　）
③（　　　　）　④（　　　　）

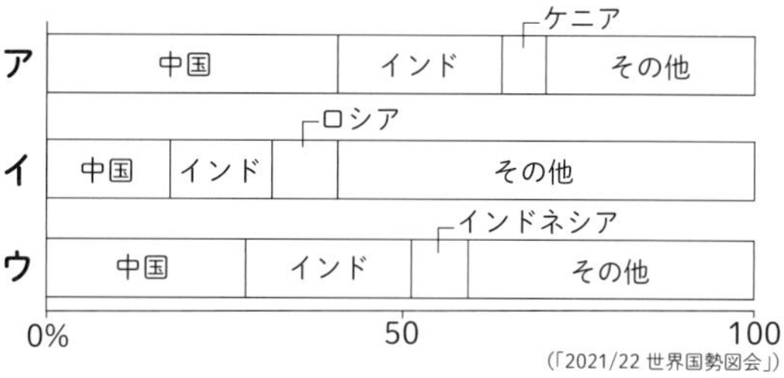

(2) 地図中の※で示した地域には，外国の企業《きぎょう》の進出が認められている地区がある。このような地区を何といいますか。

（　　　　　　　　）

(3) 地図中 **c**～**e** でさかんに信仰されている宗教を，次の**ア**～**エ**からそれぞれ選びなさい。

c（　　　　）　**d**（　　　　）　**e**（　　　　）

ア イスラム教　**イ** キリスト教　**ウ** 仏教　**エ** ヒンドゥー教

(4) インドの農業について述べた次の文の①には夏か冬を，②にはあてはまる川の位置を地図中の **f**，**g** からそれぞれ選びなさい。

○（　①　）の季節風の影響で降水量が多い（　②　）の流域で，米作りがさかんである。

①（　　　　）　②（　　　　）

UP 3 次の図は，面積の広い上位6か国のおもな輸出品目を示したものである。中国，ブラジル，オーストラリアにあてはまるものを，a～f からそれぞれ選びなさい。
15点（各5点）

a	b	c	d	e	f
機械類	機械類	原油	鉄鉱石	大豆	原油
衣類	自動車	石油製品	石炭	原油	自動車
繊維《せんい》品	石油製品	鉄鋼	金(非貨幣用)	鉄鉱石	機械類

中国（　　　　）　ブラジル（　　　　）　オーストラリア（　　　　）

ヒント
1 (8)①はエジプト，②はケニア，③はザンビア，④はナイジェリアである。
3 面積の広い上位6か国はロシア，カナダ，アメリカ，中国，ブラジル，オーストラリアである。

月　日

日本の産業

日本の気候（雨温図の読み取り方）

①北海道《ほっかいどう》と南西諸島の気候から読み取る。

北海道の気候（年間降水量が少ない）

梅雨《つゆ》がなく，6月の降水量が少ない。札幌《さっぽろ》の年間降水量はおよそ1150mm。

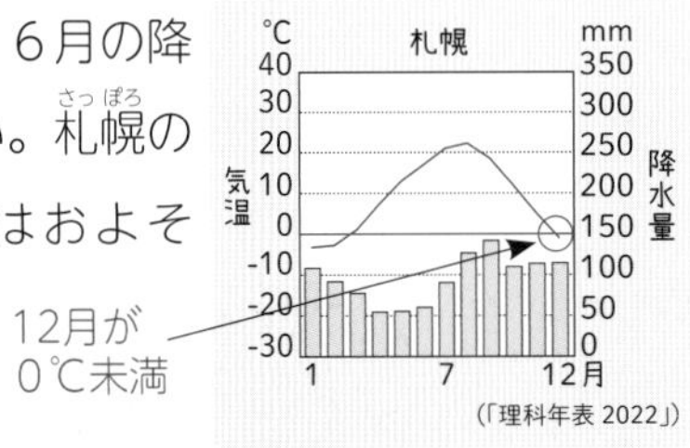

（「理科年表 2022」）

南西諸島の気候（年間降水量が多い）

亜《あ》熱帯で年間降水量が多い。那覇《なは》の年間降水量はおよそ2160mm。

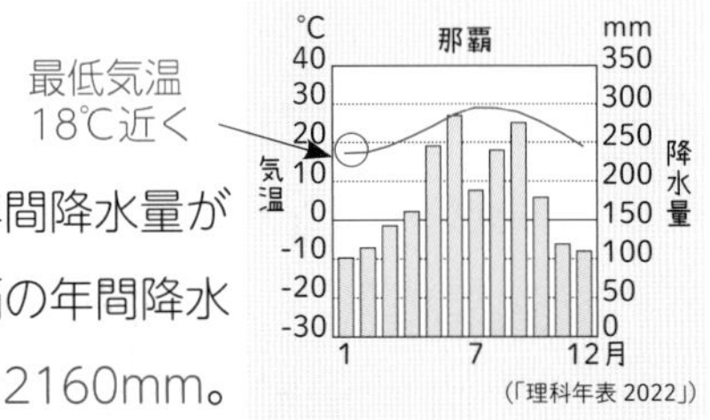

（「理科年表 2022」）

②年間降水量（基準1500mm）で判断する。

内陸/瀬戸内の気候（年間降水量が少ない）

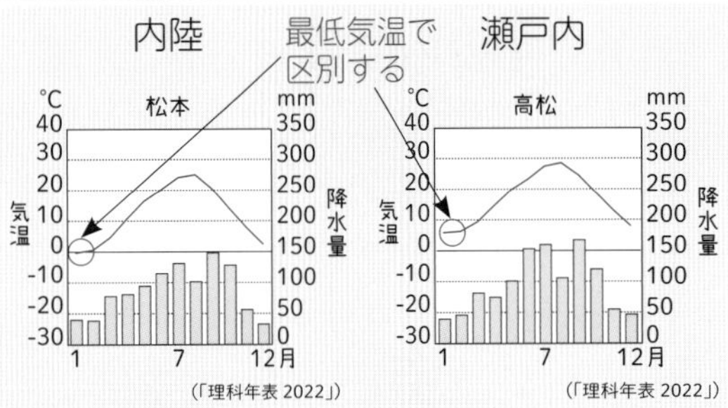

（「理科年表 2022」）（「理科年表 2022」）

松本《まつもと》市の年間降水量はおよそ1045mm。

高松《たかまつ》市の年間降水量はおよそ1150mm。

日本海側/太平洋側の気候（年間降水量が多い）

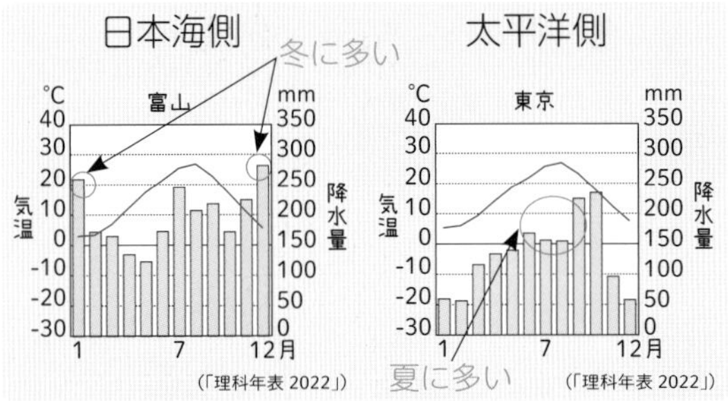

（「理科年表 2022」）（「理科年表 2022」）

富山《とやま》市の年間降水量はおよそ2370mm。

東京《とうきょう》の年間降水量はおよそ1600mm。

日本のおもな自然災害

- 冷害…北東から吹《ふ》くやませの影響《えいきょう》で，夏の日照不足と低温から，稲《いね》の生育が遅《おく》れる害。
- 高潮…台風など気圧の変化によって海面が上昇《じょうしょう》。
- 津波《つなみ》…地震《じしん》によって海面が上昇。

おもな震災

関東《かんとう》大震災（1923年，大正時代）

阪神《はんしん》・淡路《あわじ》大震災（1995年），東日本大震災（2011年）

→避難《ひなん》経路や避難場所を示した防災マップ（ハザードマップ）を活用し災害に備える。

（「気象庁資料」ほか）

日本の人口（約1.3億人）

☆人口が多い都道府県を把握《はあく》しておく。

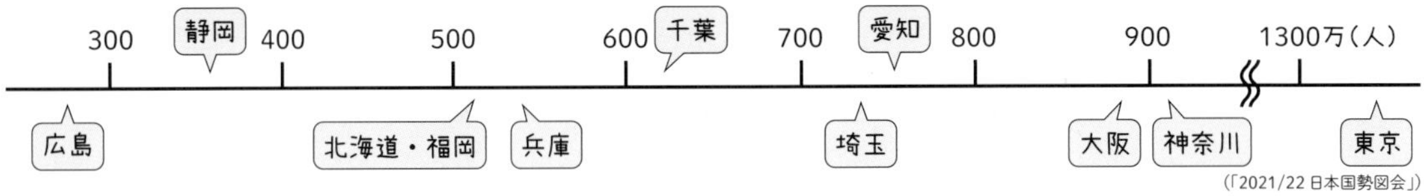

（「2021/22 日本国勢図会」）

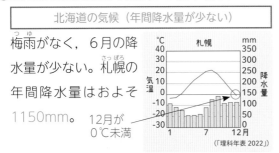

日本の資源・エネルギー

☆各国の特徴(とくちょう)ある発電エネルギー源に注意する。

水力：ブラジル、カナダ　原子力：フランス　その他：ドイツ

ドイツでは再生可能エネルギーによる発電が多い。

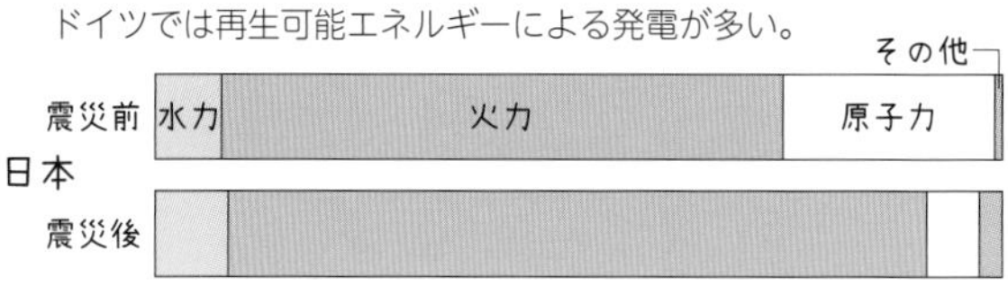

（「2021/22 世界国勢図会」ほか）

東日本大震災の前後の変化に注意する。

▼各国の発電エネルギー源別割合（2018年）

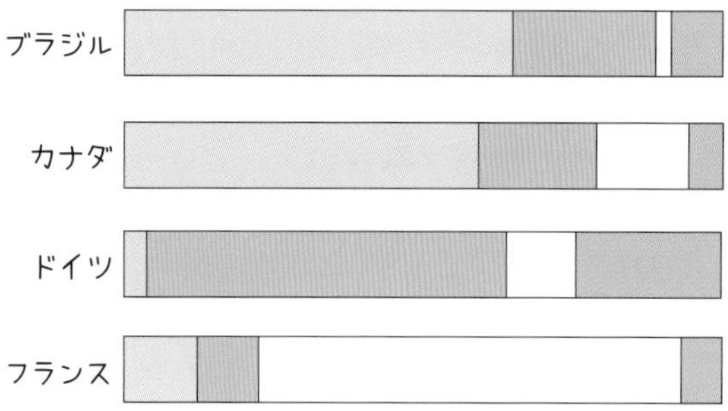

（「2021/22 世界国勢図会」）

日本の農業　☆農業産出額が高い道県を把握しておく。

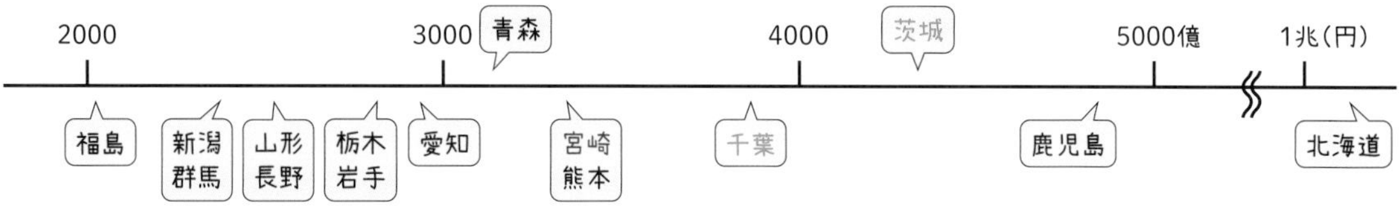

（「2022 データでみる県勢」）

促成栽培(そくせいさいばい)…暖かい気候を利用し野菜の生長を早める栽培方法。

高知(こうち)県（なす）や宮崎(みやざき)県（ピーマン）でさかん。

近郊(きんこう)農業…大都市向けの野菜・草花を大都市近郊で栽培。千葉県や茨城県などでさかん。

日本の工業　☆製造品出荷(しゅっか)額等が高い府県を把握しておく。

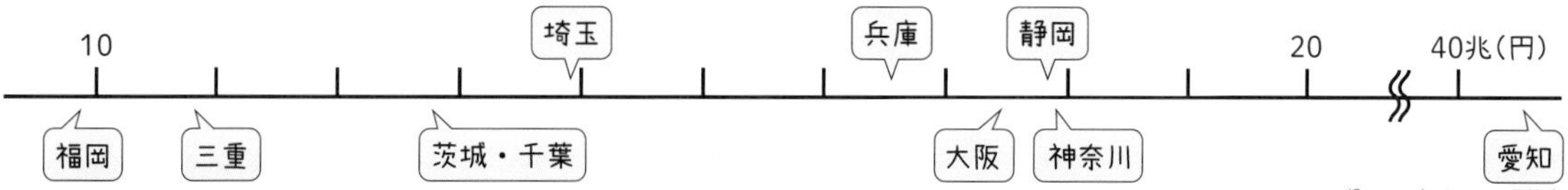

（「2022 データでみる県勢」）

地形図の読み取り方

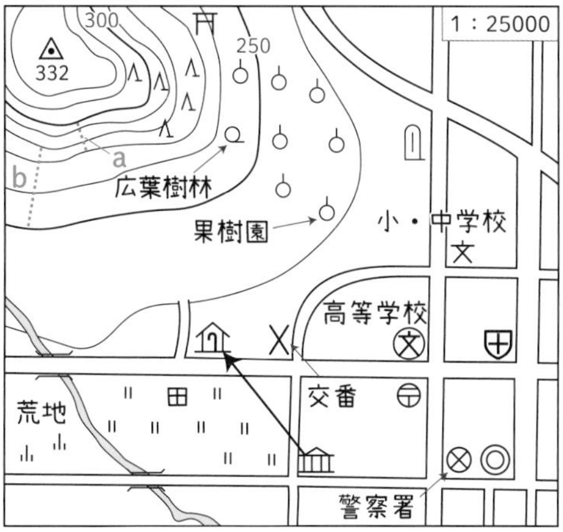

①方位　地形図上では上が北。

例）博物館(⌂)から見て，老人ホーム(⌂)は北西。

②縮尺　25000分の１や50000分の１など。

例）市役所(◎)から自然災害伝承碑(ひ)(⌷)まで地形図上で３cmとすると実際の距離(きょり)は何kmか。

考え方

実際の距離＝地形図上の長さ(cm)×縮尺の分母

３cm×25000＝75000cm→単位換算(かんさん)して，0.75km

単位換算：１km＝1000m，１m＝100cm

③等高線　等高線は高さを表す。等高線から傾き(かたむ)や縮尺が分かる。

主曲線が10mごと→縮尺は25000分の１　主曲線が20mごと→縮尺は50000分の１

例）a（等高線の間隔(かんかく)が狭(せま)い）の方が　b（間隔が広い）より傾きが急。

④地図記号

☆似ている地図記号に注意する。

第4回 ステップ2

地理4

日本の産業

時間 30 分　目標 70 点　得点　　点

解答 別冊 p.8

1 次の問いに答えなさい。

50点（各5点，(6)完答）

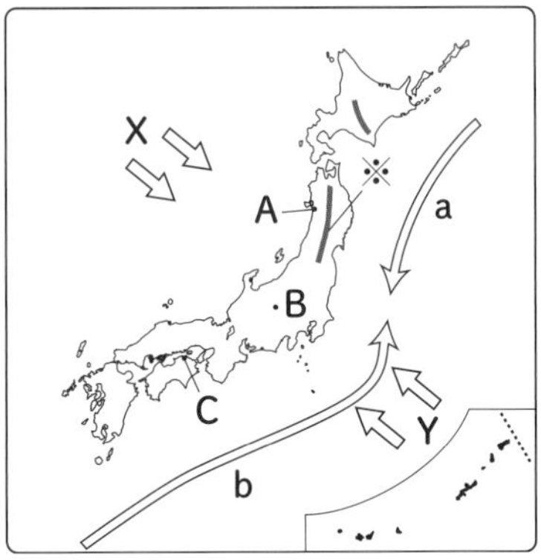

(1) 地図中の※の山脈名を，次の**ア～エ**から選びなさい。

ア 日高《ひだか》山脈　**イ** 奥羽《おうう》山脈

ウ 飛騨《ひだ》山脈　**エ** 木曽《きそ》山脈　（　　　）

(2) 次の文中の①にあてはまるものを，あとの**ア～エ**から選びなさい。また，②にあてはまる海岸地形を５字で書きなさい。

・地図中**b**は（　①　）で，**a**と出あう，（　②　）が発達した三陸《さんりく》海岸沖は潮目で好漁場である。

ア 寒流の黒潮　**イ** 寒流の親潮　**ウ** 暖流の黒潮　**エ** 暖流の親潮

①（　　　）②（　　　）

(3) 夏の季節風の方角として正しいものを，地図中の**X**，**Y**から選びなさい。（　　　）

(4) 右の表は，地図中の**A～C**の都市の１月と７月における平均気温と年間降水量を示したものである。**A～C**の都市にあてはまるものを，表中の**ア～ウ**からそれぞれ選びなさい。

A（　　　）**B**（　　　）**C**（　　　）

	平均気温（℃）		年間降水量（mm）
	1月	7月	
ア	5.9	27.5	1150.1
イ	0.4	23.4	1741.6
ウ	－0.3	24.2	1045.1

（「理科年表 2022」）

(5) 右の表は農業総産出額におけるおもな農作物の構成比（%）の推移を示したものである。米と畜産《ちくさん》物にあてはまるものを，表中の**ア～オ**からそれぞれ選びなさい。なお，**ア～オ**は，麦類，果実，畜産物，野菜，米のいずれかを示している。

米（　　　）畜産物（　　　）

	1970年	1980年	2000年	2019年
ア	25.9	31.4	26.9	36.1
イ	8.5	6.7	8.9	9.4
ウ	37.9	30.0	25.4	19.6
エ	15.8	18.6	23.2	24.2
オ	1.0	1.6	1.4	0.6

（「2021/22 日本国勢図会」）

(6) 右のグラフは，群馬県《ぐんま》，高知県《こうち》，栃木県《とちぎ》の東京都《とうきょう》中央卸売《おろしうり》市場へのなすの月別出荷《しゅっか》量を示している。高知県が行っている出荷時期を他の県とずらす栽培《さいばい》方法を何というか。また，その方法で栽培している理由を「供給量」と「価格」という語句を用いて書きなさい。

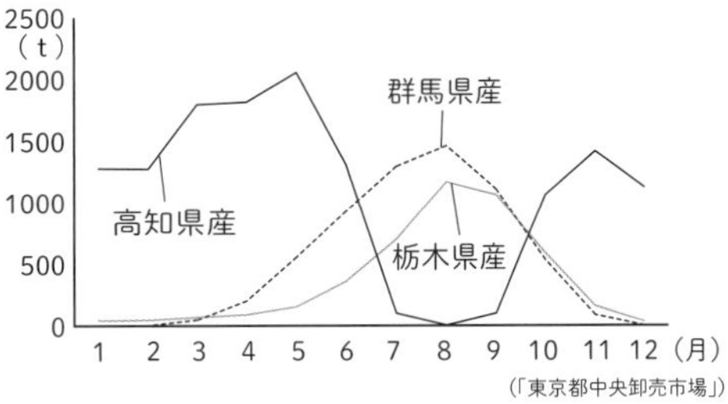

（「東京都中央卸売市場」）

栽培方法（　　　）

理由（　　　）

2　右の地図を見て，次の問いに答えなさい。　　10点（各５点）

(1)　町役場から図書館まで地形図上では直線距離《きょり》で約３cmであった。実際の距離は約何mか。

約(　　　　　m)

(2)　地形図から読み取れることとして正しいものを，次の**ア**～**エ**から選びなさい。　(　　　)

ア　地形図上の□が一辺２cmの正方形だとすると，□の範《はん》囲《い》の実際の面積は約$0.25km^2$である。

イ　「板柳《いたやなぎ》駅」から見て，「深《ふか》味《み》」はほぼ北西の方角に位置している。

ウ　「辻《つじ》」周辺の土地には，広葉樹林が広がっている。

エ　発電所の近くに寺院が確認できる。

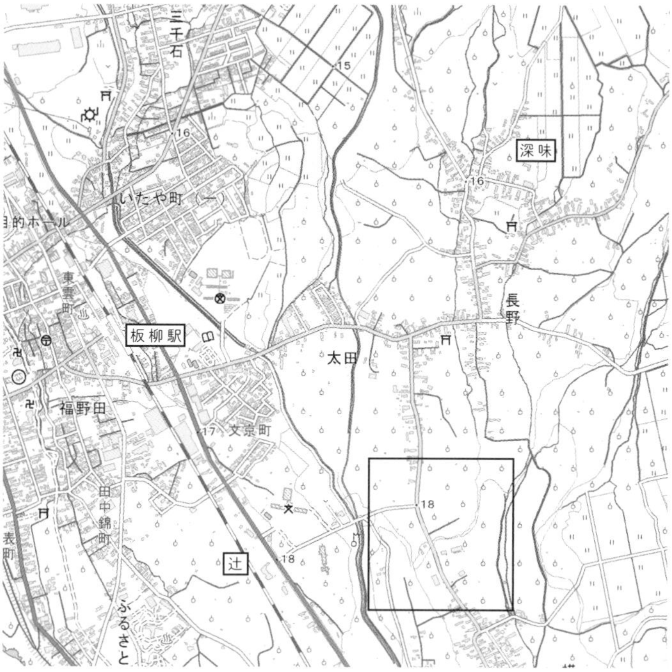

（国土地理院 25000 分の１地形図「板柳」）

3　右の表は，千葉《ちば》県，東京都，北海道《ほっかいどう》，山口《やまぐち》県の昼夜間人口比率などを示したものである。各都道県にあてはまるものを，表中のア～エからそれぞれ選びなさい。　　20点（各５点）

千葉県(　　　)　東京都(　　　)
北海道(　　　)　山口県(　　　)

※昼夜間人口比率とは，夜間人口100人あたりの昼間人口の比率のこと

	昼夜間人口比率(%)	第３次産業有業者割合(%)	製造品出荷額等(億円)
ア	117.8	83.7	74207
イ	99.9	76.5	61336
ウ	99.6	69.9	65735
エ	89.7	77.6	125846

（「2022 データでみる県勢」）

4　右の表は，大阪《おおさか》府，千葉県，福岡《ふくおか》県，北海道の航空旅客《りょかく》輸送量と貨物輸送量を示したものである。各道府県にあてはまるものを，表中のア～エからそれぞれ選びなさい。　　20点（各５点）

大阪府(　　　)　千葉県(　　　)
福岡県(　　　)　北海道(　　　)

	航空旅客輸送量(千人)		貨物輸送量(万ｔ)	
	国内線	国際線	鉄道	自動車
ア	7461	32080	168	14654
イ	18942	5694	122	19409
ウ	22470	21958	149	17235
エ	25163	3502	230	38812

（「2022 データでみる県勢」）

ヒント　1　(5)畜産物の産出額が最も多く，米の消費量が減っていることから考えよう。
4　国際空港は，成田《なりた》・羽田《はねだ》・中部《ちゅうぶ》・関西《かんさい》である。道府県の面積が広いと貨物輸送量は増える。

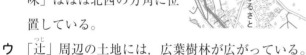

第5回 ステップ1　地理5

日本の諸地域

月　　日

九州地方

【工業】金属工業から機械工業中心の生産へ。

八幡《やはた》製鉄所…1901年に鉄鋼の生産開始

→他地域との競争などによる地位低下

→IC（集積回路）や自動車工場の進出

製造品出荷《しゅっか》額等のグラフの見分け方

北九州　食料品工業の割合が高い。

【農業】鹿児島《かごしま》県，宮崎《みやざき》県は畜産《ちくさん》がさかん。

【地形】阿蘇《あそ》山のカルデラ，シラス台地

地熱発電所…九州は地熱発電がさかん。

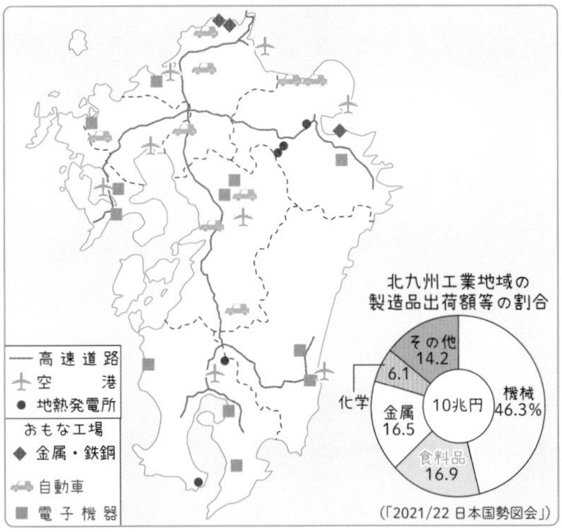

中国・四国地方

【気候】　☆山陰《さんいん》，瀬戸内《せとうち》，南四国の気候を理解する。

- 山陰…冬，北西の季節風の影響《えいきょう》で雪や雨が降る。
- 南四国…夏，南東の季節風の影響で雨が多く降る。
- 瀬戸内…夏と冬の季節風が，どちらも山地にさえぎられるため年間の降水量が少ない。

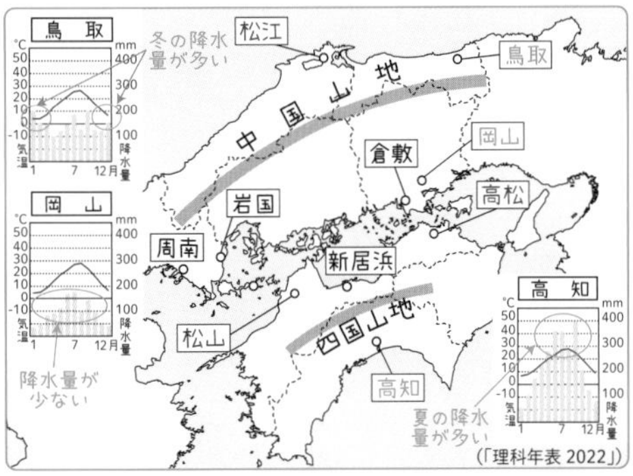

【県庁所在地】　☆県名と異なる3都市を覚える。

松江《まつえ》市（島根《しまね》県），松山《まつやま》市（愛媛《えひめ》県），高松《たかまつ》市（香川《かがわ》県）

【工業】倉敷《くらしき》市，周南《しゅうなん》市，岩国《いわくに》市，新居浜《にいはま》市などにある石油化学コンビナート

▼瀬戸内工業地域の製造品出荷額等の割合

製造品出荷額等のグラフの見分け方

瀬戸内　化学工業の割合が京葉についで高い。

近畿地方

【工業】阪神《はんしん》工業地帯は製造品出荷額第2位。

鉄鋼業や石油化学工業がさかん。

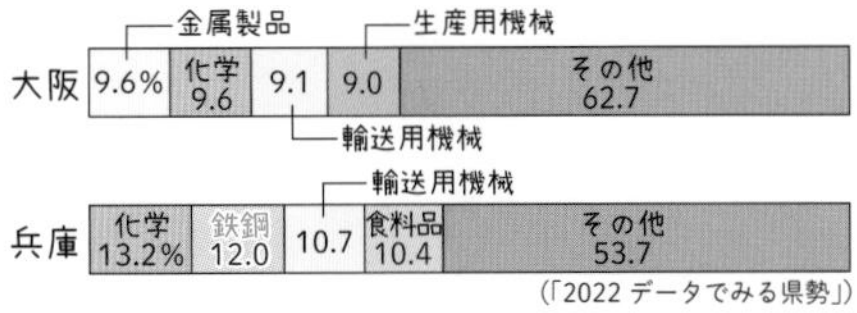

▼阪神工業地帯の製造品出荷額等の割合

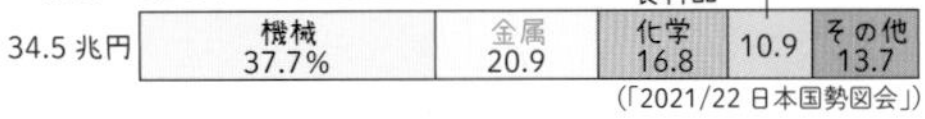

製造品出荷額等のグラフの見分け方

阪神　金属工業の割合が高い。

▼おもな農産物（家畜）の生産地

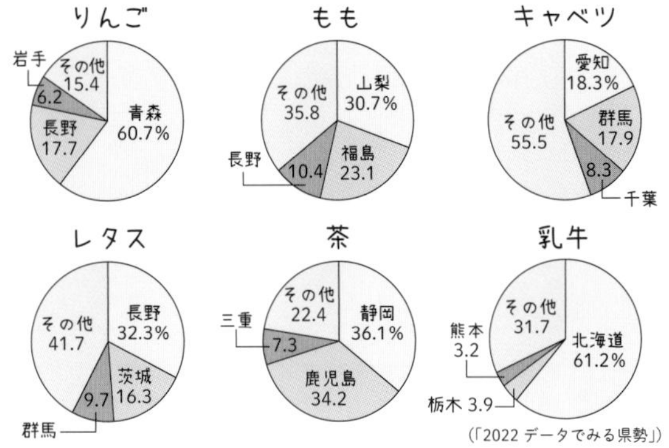

中部地方

【地形】日本アルプス（飛騨《ひだ》・木曽《きそ》・赤石《あかいし》山脈）

【農業】 ☆県ごとでさかんな農業をおさえる。

▼農業産出額に占める割合

	米	野菜	果実	畜産	その他
新潟	60.2%	12.7	3.4	19.0	4.7
長野	18.5%	32.0	29.1	10.9	9.5
山梨	6.7%	12.0	65.1	8.5	7.7
静岡	10.0%	30.7	11.8	23.3	その他（茶など）24.2

（「2022 データでみる県勢」）

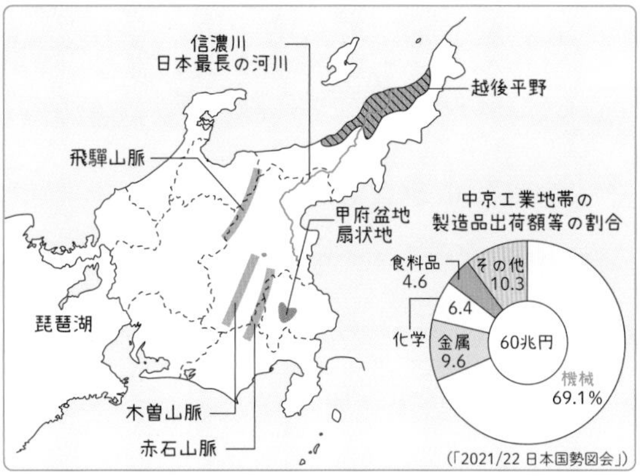

【工業】東海地方（機械工業がさかん）

中央高地（電気機械工業がさかん）

▼東海工業地域の製造品出荷額等の割合

	機械	食料品	化学	金属	その他
17.7兆円	52.0%	13.2	10.9	8.2	15.7

（「2021/22 日本国勢図会」）

製造品出荷額等のグラフの見分け方

中京　出荷額が１番多い。機械工業の割合が高い。

製造品出荷額等のグラフの見分け方

東海　機械工業の割合が中京についで高い。

関東地方

【県庁所在地】 ☆県名と異なる４都市を覚える。

【農業】 ☆県ごとにさかんな農業をおさえる。

近郊《きんこう》農業（大都市の近く，新鮮《しんせん》な野菜を出荷）

	米	野菜	果実	畜産	その他
千葉	17.9%	33.8	3.0	32.3	13.0

涼《すず》しい気候を利用した高原野菜の栽培

	米	野菜	果実	畜産	その他
群馬	6.6%	38.6	3.5	44.8	6.5

（「2022 データでみる県勢」）

【工業】東京《とうきょう》は印刷・出版業がさかん。

	輸送用機械	電気機械	印刷	食料品	その他
東京	16.4%	10.6	10.5	10.0	52.5

（「2022 データでみる県勢」）

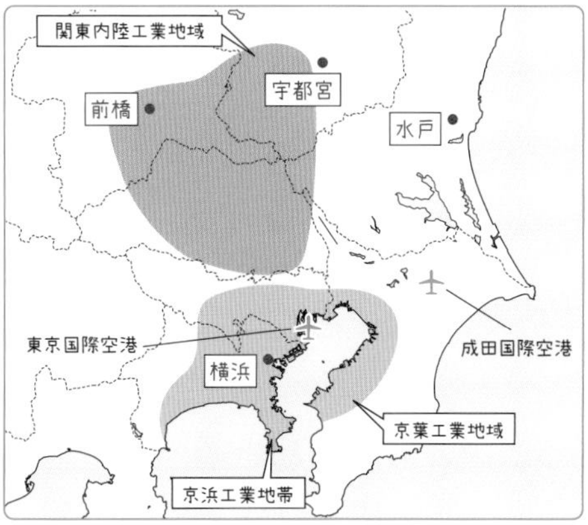

製造品出荷額等のグラフの見分け方

京葉　化学工業の割合が高い。

製造品出荷額等のグラフの見分け方

京浜　機械工業の割合が比較的《ひかくてき》高い。

▼京葉工業地域の製造品出荷額等の割合

	化学	金属	食料品	機械	その他
13.2兆円	41.5%	20.8	15.4	13.0	9.3

（「2021/22 日本国勢図会」）

▼京浜工業地帯の製造品出荷額等の割合

	機械	化学	食料品	金属	その他
26.4兆円	49.3%	18.0	10.9	8.9	12.9

（「2021/22 日本国勢図会」）

東北・北海道地方

【道県庁所在地】 ☆道県名と異なる３都市を覚える。

盛岡《もりおか》市（岩手《いわて》県），仙台《せんだい》市（宮城《みやぎ》県），札幌《さっぽろ》市（北海道《ほっかいどう》）

【北緯40°の緯線《いせん》】 ☆ヨーロッパとの位置関係に注意する。

北緯40°の緯線はスペイン，ギリシャなどを通過する。

【気候】 ☆日本海側（秋田《あきた》）のほうが，太平洋側（宮古《みやこ》）より夏の気温が高いことに注意する。

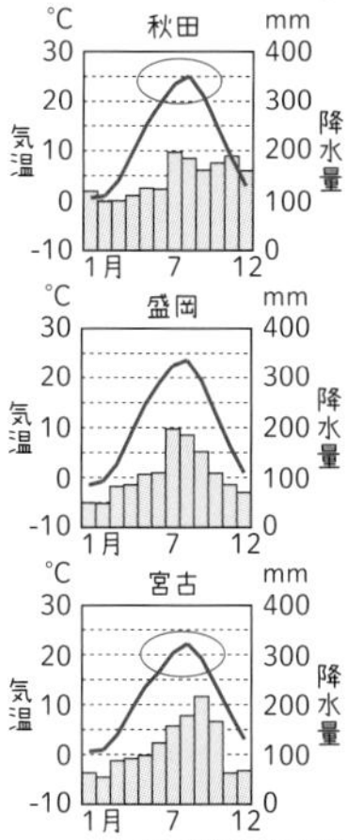

（「理科年表 2022」）

【農業】東北地方の米の生産量は全国の約４分の１。

北海道の石狩《いしかり》平野では稲作《いなさく》，十勝《とかち》平野では畑作，根釧《こんせん》台地では酪農《らくのう》がさかん。

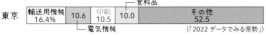

第5回 ステップ2

地理5

日本の諸地域

時間 30 分　目標 70 点　得点　　点

解答 別冊 p.10

1 次の問いに答えなさい。

50点（各5点，(7)完答）

(1) 地図中のAが示す緯度《いど》を，次のア～エから選びなさい。（　　　）

ア 北緯35度　**イ** 北緯40度

ウ 北緯45度　**エ** 北緯50度

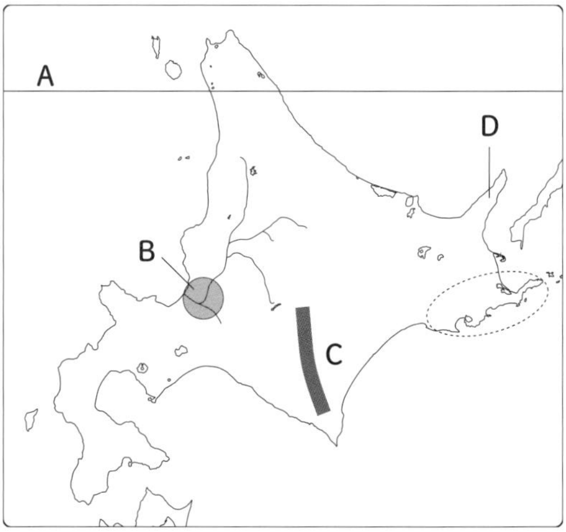

(2) 地図中のBで示した平野について正しいものを，次のア～エから選びなさい。（　　　）

ア 北海道《ほっかいどう》最大の稲作《いなさく》地帯である。

イ 寒冷な気候のため，開拓《かいたく》が行われていない。

ウ 畑作と乳用牛の飼育を行う農家が多い。

エ 果樹の栽培《さいばい》がさかんで，特産品のりんごは全国一の生産量である。

(3) 地図中のCの山脈を，次のア～エから選びなさい。（　　　）

ア 奥羽《おうう》山脈　**イ** 日高《ひだか》山脈　**ウ** 木曽《きそ》山脈　**エ** 鈴鹿《すずか》山脈

(4) 地図中の（点線の楕円）で，夏に濃霧《のうむ》が発生しやすいのはなぜか。「南東の季節風」と「親潮」の語句を使って簡単に説明しなさい。

（　　　　　　　　　　　　）

(5) 地図中のDの世界遺産に登録されている半島名を書きなさい。（　　　）

(6) 右のグラフは東京《とうきょう》都，新潟《にいがた》県，北海道，山梨《やまなし》県の農業総産出額における米，野菜，畜産《ちくさん》の割合を示したものである。各都道県にあてはまるものを，ア～エからそれぞれ選びなさい。

東京都（　　　）　新潟県（　　　）

北海道（　　　）　山梨県（　　　）

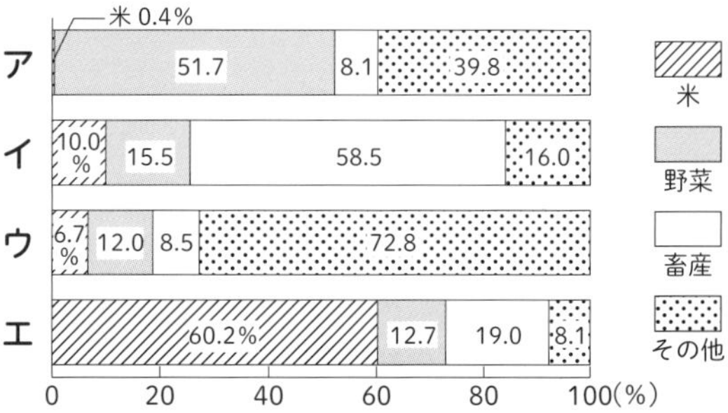

（「2022 データでみる県勢」）

(7) 北海道の漁業について述べた右の文章中の①・②にあてはまる語句をそれぞれ書きなさい。

①（　　　　　）

②（　　　　　）

北海道は都道府県別漁獲《ぎょかく》量が第1位である。ベーリング海や（ ① ）海でさけやたらなどをとる（ ② ）漁業がさかんだったが，ロシアなどが排他的《はいたてき》経済水域を設定したため，漁獲量が減少している。

2 次の問いに答えなさい。 25点（各５点）

(1) 地図中のＡの湖，Ｂの河川，Ｃの山地名をそれぞれ書きなさい。

Ａ（　　　　　　湖）　Ｂ（　　　　　　川）

Ｃ（　　　　　　山地）

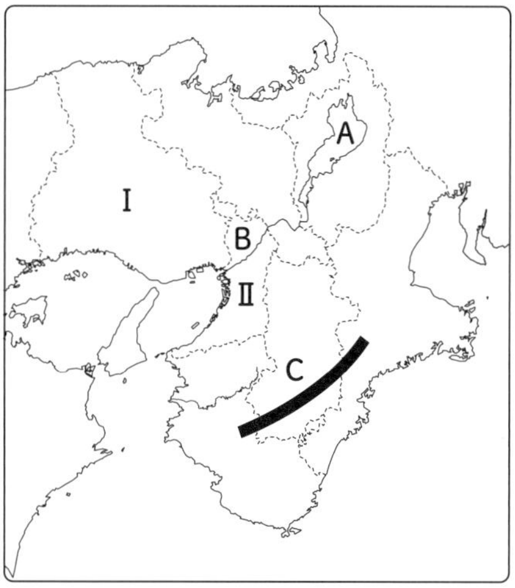

(2) 東経134度の経線が通過する県のうち，県名と県庁所在地名が異なる県の，県庁所在地名を書きなさい。（　　　　　　）市

(3) 地図中Ⅰ，Ⅱの府県に広がる工業地帯の製造品出荷《しゅっか》額を示したグラフを，ア～エから選びなさい。なお，グラフは京葉《けいよう》工業地域，瀬戸内《せとうち》工業地域，東海《とうかい》工業地域，阪神《はんしん》工業地帯のいずれかである。（　　　　）

ア

金属	機械	化学	食料品	その他
20.8%	13.0	41.5	15.4	9.3

イ

金属	機械	化学	食料品	その他
20.9%	37.7	16.8	10.9	13.7

ウ

金属	機械	化学	食料品	その他
18.8%	34.7	23.1	7.6	15.8

エ

金属	機械	化学	食料品	その他
8.2%	52.0	10.9	13.2	15.7

（「2021/22 日本国勢図会」）

3 表は，大分《おおいた》県，沖縄《おきなわ》県，鹿児島《かごしま》県，鳥取《とっとり》県の人口などを示したものである。各県にあてはまるものを，表中のア～エからそれぞれ選びなさい。 20点（各５点）

大分県（　　　）　沖縄県（　　　）　鹿児島県（　　　）　鳥取県（　　　）

	人口（千人）	産業別人口割合（%）			農業産出額（億円）				製造品出荷額等（億円）
		第１次産業	第２次産業	第３次産業	合計	米	野菜	畜産	
ア	554	8.3	22.4	69.3	761	151	213	286	7868
イ	1125	6.2	24.2	69.6	1195	210	309	444	43135
ウ	1589	8.1	19.7	72.2	4890	209	532	3227	20247
エ	1468	4.0	15.4	80.7	977	5	146	459	4990

（「2022 データでみる県勢」）

4 表は，岩手《いわて》県，埼玉《さいたま》県，静岡《しずおか》県，東京都の面積などを示したものである。静岡県にあてはまるものを，表中のア～エから選びなさい。 5点（　　　　）

	面積（km²）	人口増加率（%）	食料自給率（%）	都県内総生産（億円）
ア	2194	0.8	0	1070418
イ	3798	0.22	10	232541
ウ	15275	−1.09	107	47396
エ	7777	−0.35	15	174621

（「2022 データでみる県勢」ほか）

ヒント 1 (6)山梨県の特産物はぶどうやももなどの果実。このグラフでは果実はその他に入る。
2 (2)日本地図を思い描き，東経140度と135度の線を引いて考えてみよう。

歴史1

第6回 ステップ1

月　日

文明の起こりと古代日本の歩み

年代の表し方

- **紀元前**は年数が増えるほど古くなる。

（例）紀元前200年は紀元前100年より昔。

紀元前（B.C.）← 起点 →（紀元後）

2000 … 200 100 1 100 200 … 2000年

☆西暦《せいれき》と世紀を変換《へんかん》できるようにする。

西暦から世紀

（下2桁を消して → 1を足す）

西暦57年 → ~~57~~ → 0＋1 → 1世紀
西暦603年 → 6~~03~~ → 6＋1 → 7世紀
西暦1221年 → 12~~21~~ → 12＋1 → 13世紀
西暦1600年 → 16~~00~~ → 16＋0 → 16世紀
下2桁が00のときは1を足さない

世紀から西暦

⑫世紀 → 1101年から1200年（①後ろに00をつける　②99を引く）
5世紀 → 401年から500年
紀元前3世紀 → 紀元前300年から紀元前201年

文明の起こり

☆四大文明の特徴《とくちょう》を覚える。

- エジプト文明（紀元前3000年ごろ）
  ナイル川，象形文字《しょうけい》，太陽暦，ピラミッド
- メソポタミア文明（紀元前3000年ごろ）
  チグリス川・ユーフラテス川，くさび形文字
  太陰暦《たいいん》，ハンムラビ法典
- インダス文明（紀元前2500年ごろ）
  インダス川，インダス文字，モヘンジョ・ダロ
- 中国《ちゅうごく》文明（紀元前16世紀）
  黄河《こうが》《ホワンホー》・長江《ちょうこう》《チャンチアン》，甲骨文字《こうこつ》，青銅器

縄文時代（1万年前～紀元前4世紀ごろ）

☆旧石器《きゅうせっき》時代の次の名称《めいしょう》に注意する。

旧石器時代 → 世界　新石器時代
旧石器時代 → 日本　縄文《じょうもん》時代

▶時代を表すキーワード

貝塚《かいづか》・土偶《どぐう》・縄文土器・三内丸山遺跡《さんないまるやまいせき》（青森県《あおもり》）
→ 埴輪《はにわ》は古墳《こふん》時代

縄文時代の世界のできごと

- 紀元前3000年～　四大文明が起こる
- 紀元前8世紀ごろ…アテネのポリスが造られる
- 紀元前6世紀ごろ…シャカ（仏教）が生まれる
- 紀元前6世紀ごろ…孔子《こうし》（儒学《じゅがく》）が生まれる

時代区分と時代名

☆時代区分と時代名を対応させる。

原始時代	古代	中世	近世	近代	現代
縄文・弥生《やよい》	古墳・飛鳥《あすか》 奈良《なら》　平安《へいあん》	鎌倉《かまくら》・室町《むろまち》	江戸《えど》 安土桃山《あづちももやま》	明治《めいじ》・大正《たいしょう》	平成《へいせい》・令和《れいわ》 昭和《しょうわ》

区切り：白河上皇《しらかわじょうこう》（古代／中世），豊臣秀吉《とよとみひでよし》（中世／近世），戦後（近代／現代）

※上記の時代区分の分け方は一例です。

☆中国の王朝名と日本の時代名を対応させる。

殷《いん》・漢《かん》・魏《ぎ》	南北朝《なんぼくちょう》	隋《ずい》	唐《とう》	宋《そう》	元《げん》	明《みん》	清《しん》	中華《ちゅうか》民国《みんこく》	中華《ちゅうか》人民《じんみん》共和国《きょうわこく》
縄文・弥生	古墳	飛鳥	奈良／平安	平安／鎌倉	鎌倉	室町・安土桃山／江戸	江戸／明治	大正／昭和	昭和／平成・令和

区切り：天智天皇《てんじてんのう》（隋／唐），藤原道長《ふじわらのみちなが》（唐／宋），元寇《げんこう》（宋／元），徳川家光《とくがわいえみつ》（明／清），戦後（中華民国／中華人民共和国）

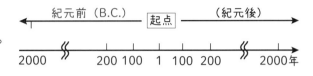

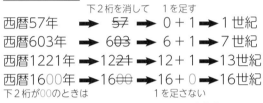

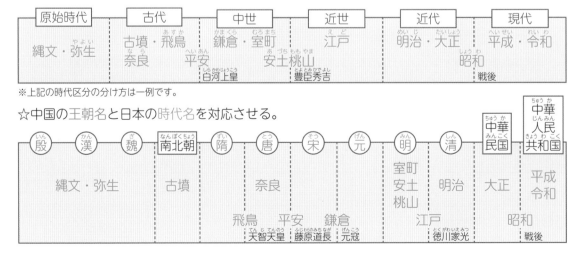

弥生時代（紀元前４世紀ごろ～３世紀ごろ）

- 稲作《いなさく》，青銅器（祭りの道具に使用），鉄器（武器や農具）が伝わる。

弥生時代の中国の歴史書の記述
- 紀元前１世紀…「漢書《かんじょ》」地理志
  →日本は100以上の国に分かれている
- １世紀…「後漢書《ごかんじょ》」東夷伝《とういでん》
  →「漢委奴国《かんのわのなの》王」の金印を奴国《なこく》《なのくに》の王が授かる
- ３世紀…魏志倭人伝《ぎしわじんでん》
  →邪馬台国《やまたいこく》の卑弥呼《ひみこ》が魏に使いを送る

▶時代を表すキーワード

弥生土器・高床《たかゆか》倉庫・吉野ヶ里《よしのがり》遺跡（佐賀《さが》県）

古墳時代（３世紀ごろ～６世紀ごろ）

☆百済《くだら》《ひゃくさい》と新羅《しらぎ》《しんら》の位置をおさえる。
└→日本に仏教を伝えた（６世紀）

- 大和《やまと》政権が九州から関東まで支配

▶時代を表すキーワード

須恵器《すえき》・渡来人《とらいじん》・大仙《だいせん》古墳（大阪《おおさか》府）

飛鳥時代（６世紀ごろ～ 710年）

聖徳太子
- 冠位《かんい》十二階，十七条の憲法を制定
- 遣隋使《けんずいし》を派遣《はけん》，法隆寺《ほうりゅうじ》を建立《こんりゅう》

中大兄皇子（天智天皇）
- 大化《たいか》の改新…新たな支配のしくみを作る改革
  →公地公民…国家が土地と人々を支配する
- 白村江《はくすきのえ》《はくそんこう》の戦い…日本と百済は，唐・新羅に敗れる
  →九州に大宰府《だざいふ》を設置し，都を大津《おおつ》へ移す

天武天皇
- 壬申《じんしん》の乱…天智《てんじ》天皇の子の大友皇子《おおとものおうじ》に勝利する

平安時代（794年～ 1185年）　☆権力者の順番に注意

桓武天皇…平安京遷都《へいあんきょうせんと》，東北の平定（坂上田村麻呂《さかのうえのたむらまろ》）
遣唐使《けんとうし》の停止（菅原道真《すがわらのみちざね》）
平将門《たいらのまさかど》の乱，藤原純友《ふじわらのすみとも》の乱
↓
藤原道長…摂関《せっかん》政治，国風《こくふう》文化が栄える（寝殿造《しんでんづくり》）
→娘《むすめ》を天皇のきさきにして，その息子《むすこ》を天皇にする
↓
白河上皇…院政
保元《ほうげん》の乱，平治《へいじ》の乱
↓
平清盛…太政《だいじょう》大臣，日宋貿易（兵庫《ひょうご》の港整備）

☆世界のできごとと日本の時代を確認する。

弥生時代の世界のできごと
- 紀元前221年…秦《しん》の始皇帝《しこうてい》の中国統一
- 紀元前202年…漢の成立 ─ シルクロード
- 紀元前27年…ローマ帝国の成立 ─┘

飛鳥時代の世界のできごと
- 589年…隋が中国を統一
- ７世紀…ムハンマドがイスラム教を開く
  └ 聖徳太子のころ
- 618年…唐が建国する
- 676年…新羅が朝鮮《ちょうせん》半島を統一
  └ 天武天皇のころ

平安時代の世界のできごと
- 936年…高麗《こうらい》が朝鮮半島を統一
  └ 平将門のころ
- 960年…宋が起こる
- 1096年…十字軍の遠征《えんせい》開始
  └ 白河上皇のころ

奈良時代（710年～ 794年）

平城京《へいじょうきょう》

律令《りつりょう》政治 ─→都に運搬《うんぱん》する

租《そ》（稲《いね》）・調（特産物）・庸《よう》（布）

- 班田収授法…口分田を貸し，死後返還《へんかん》させる
- 墾田永年私財法《こんでんえいねんしざいのほう》…開墾した土地の永久私有を認める→のちの荘園《しょうえん》

聖武天皇
- 仏教の力で，災害などから国を救おうとした→国分寺や国分尼寺《にじ》，都には東大寺《とうだいじ》や大仏を造る
- 天平《てんぴょう》文化…国際色豊かな文化

☆順番や時代に注意する。

時代名と異なる文化
天平文化（奈良）
国風文化（平安）

歌集
万葉集（奈良）
古今《こきん》和歌集（平安）
新古今和歌集（鎌倉）

僧
行基《ぎょうき》，鑑真《がんじん》（奈良）
最澄《さいちょう》，空海《くうかい》（平安）

天皇の順番
天智天皇（飛鳥）
↓
天武天皇（飛鳥）
↓
聖武天皇（奈良）
↓
桓武天皇（平安）

土地制度
公地公民（飛鳥）
↓
班田収授法（奈良）
↓
墾田永年私財法（奈良）

第6回 ステップ2

歴史1

文明の起こりと古代日本の歩み

時間 30分　目標 70点　得点　　点

解答 別冊 p.12

1 次の問いに答えなさい。

20点（各5点，全て完答）

(1) 次のX，Yのうち，下線部が正しければ○を，誤っていれば正しい語句を答えなさい。

X　西暦《せいれき》では，人類が誕生したと考えられている年以前を紀元前という。

Y　明治《めいじ》時代以降は，天皇一代につき元号は一つと決められた。

X（　　　　　）　Y（　　　　　）

(2) 次のア～ウは，それぞれ何世紀か，答えなさい。

ア　701年　　イ　紀元前57年　　ウ　1600年

ア（　　　）世紀　イ（　　　）世紀　ウ（　　　）世紀

(3) 次の①～⑤にあてはまる時代名を，あとのア～シからそれぞれ選びなさい。ただし，●にはそれぞれ時代名が入ります。

縄文→●→●→（ ① ）→●→（ ② ）→●→（ ③ ）→●→●→（ ④ ）→（ ⑤ ）→●→平成→令和

ア　明治《めいじ》　イ　平安《へいあん》　ウ　鎌倉《かまくら》　エ　大正《たいしょう》　オ　室町《むろまち》　カ　昭和《しょうわ》

キ　奈良《なら》　ク　弥生《やよい》　ケ　江戸《えど》　コ　古墳《こふん》　サ　安土桃山《あづちももやま》　シ　飛鳥《あすか》

①（　　）②（　　）③（　　）④（　　）⑤（　　）

(4) 次の時代はどの時代区分にあたるか，あとのア～オからそれぞれ選びなさい。

①　奈良　②　江戸　③　大正　　①（　　）②（　　）③（　　）

ア　古代　イ　中世　ウ　近世　エ　近代　オ　現代

2 次の問いに答えなさい。

30点（各5点，(1)完答）

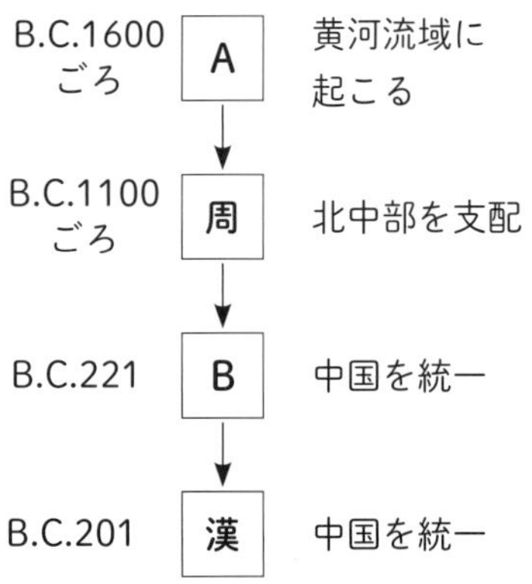

(1) Aの国（王朝）名を答えなさい。また，この国の王が占《うらな》いによる政治のために使用した文字は何ですか。

国名（　　　　　）　文字（　　　　　）

(2) 紀元前6世紀ごろに孔子《こうし》が説いた「君臣や親子・兄弟などの秩序《ちつじょ》を重視した教え」は何ですか。

（　　　　　）

(3) Bの国王で，中国を初めて統一した人物はだれですか。

（　　　　　）

(4) (3)の人物が，北方の異民族の侵入《しんにゅう》を防ぐために築いたものは何ですか。（　　　　　）

(5) 漢《かん》の時代に整備された道で，漢とローマ帝国《ていこく》とを結び，絹織物などが運ばれた道を何といいますか。

（　　　　　）

UP (6) 次のX～Zを古い順に並べ替えなさい。（　　→　　→　　）

X　ギリシャでポリスが生まれた。　　Y　漢が中国を統一した。

Z　シャカが仏教を開いた。

3 右の年表を見て，次の問いに答えなさい。

35点（各5点，(7)完答）

西暦	できごと
607	法隆寺ができる……A
	↓ア
752	東大寺の大仏が完成する……B
	↓イ
759	鑑真が唐招提寺を建てる……C
	↓ウ
806	最澄が延暦寺を建てる……D
	↓エ
1053	平等院鳳凰堂ができる……E
	↓オ
1124	中尊寺金色堂ができる……F

(1) Aと同じ時期の世界のできごとを，次のア～エから選びなさい。（　　）

ア 高麗《こうらい》が朝鮮《ちょうせん》半島を統一した。

イ 宋《そう》が成立した。

ウ ムハンマドがイスラム教を開いた。

エ 第一回十字軍が遠征《えんせい》を始めた。

(2) Bの東大寺《とうだいじ》を建てることを命じた天皇を答えなさい。（　　）天皇

(3) Cの時代に制作されたものを，次のア～エから選びなさい。（　　）

ア 新古今和歌集　イ 万葉集　ウ 古今和歌集　エ 源氏《げんじ》物語

(4) Dの人物が開いた仏教の宗派を答えなさい。（　　）宗

(5) Eのころに広まった浄土信仰《じょうどしんこう》について，「阿弥陀仏《あみだぶつ》」，「極楽浄土《ごくらくじょうど》」という語句を使って説明しなさい。

（　　）

(6) Fの建物が位置する都道府県を答えなさい。（　　）

(7) 次の①～④のできごとが起こった時期を，年表中のア～オからそれぞれ選びなさい。同じ記号を選んでもかまいません。

① 摂関《せっかん》政治から院政へと移行した。　② 都が奈良から京都《きょうと》に移された。

③ 都が飛鳥から奈良に移された。　④ 壬申《じんしん》の乱が起きた。

①（　　）②（　　）③（　　）④（　　）

4 次のア～ウをそれぞれ古い順に並べ替えなさい。

15点（各5点）

(1) ア 倭の奴国《なこく》の王が中国に使いを送り，金印を授けられた。

イ 倭王としての地位を高める目的で，武《ぶ》などの倭王がたびたび中国《ちゅうごく》に朝貢《ちょうこう》した。

ウ 邪馬台国《やまたいこく》の卑弥呼《ひみこ》が30余りの国を従えていた。（　→　→　）

(2) ア 宋銭《そうせん》が使用された。

イ 和同開珎《わどうかいちん》が都で流通した。

ウ 富本銭《ふほんせん》という銅銭がつくられた。（　→　→　）

(3) ア 保元《ほうげん》の乱が起こった。

イ 坂上田村麻呂《さかのうえのたむらまろ》が東北に侵攻《しんこう》した。

ウ 平治《へいじ》の乱が起こった。（　→　→　）

ヒント 2 (6)仏教は，日本の縄文時代の末期にあたるころにシャカが開いた。
4 (1)イは古墳時代のできごとである。

第7回 ステップ1　歴史2　月　日

封建社会の成立と中世の世界

武士の起こりと成長

☆どの時期に起きたできごとなのかを把握《はあく》する。

桓武天皇（800年）　藤原道長・頼通（1000年〜）　白河上皇（1100年）　平清盛

800年 — 900年 — ① — 1000年 — ② — 1100年 — ③ — ④ — 1200年

①平将門《たいらのまさかど》の乱（関東地方），藤原純友《ふじわらのすみとも》の乱（瀬戸内《せとうち》地方）
②前九年《ぜんくねん》合戦，後三年《ごさんねん》合戦…東北地方で起こる
③奥州《おうしゅう》藤原氏により中尊寺金色堂《ちゅうそんじこんじきどう》がつくられる
④保元《ほうげん》の乱，平治《へいじ》の乱…起きた順番を覚える

平清盛　武士として初の太政大臣
→藤原氏と同じように娘《むすめ》を天皇のきさきとし，生まれた子を天皇にして権力を握《にぎ》った。
日宋《にっそう》貿易…平清盛《きよもり》は，瀬戸内海の航路を整備し，厳島《いつくしま》神社に一族の繁栄《はんえい》を祈願した。
平氏は壇ノ浦《だんのうら》の戦い（山口《やまぐち》県）で源義経《みなもとのよしつね》に敗れ，滅亡《めつぼう》

▼おもな世界遺産

鎌倉時代（1185年〜1333年）

源頼朝（①）　北条政子（②）　北条泰時（③）　北条時宗（④）

① — 1200年 — ② — ③ — 1250年 — ④ — ⑤ — 1300年

①鎌倉《かまくら》幕府成立
〈幕府のしくみの比較〉
将軍の補佐役
将軍－執権《しっけん》（鎌倉）
　　　管領《かんれい》（室町）
　　　老中《ろうじゅう》（江戸《えど》）
地方
鎌倉幕府…守護・地頭
室町幕府…守護大名
江戸幕府…大名

②承久《じょうきゅう》の乱（1221年）
☆乱の影響《えいきょう》を理解する
○幕府軍（北条政子《ほうじょうまさこ》）
vs
×朝廷《ちょうてい》軍（後鳥羽上皇《ごとばじょうこう》）→六波羅探題《ろくはらたんだい》を京都《きょうと》に設置して朝廷を監視《かんし》
幕府の力が西国にも広がり，朝廷を圧倒

北条政子の訴え
みなの者，よく聞きなさい。これが最後の言葉です。頼朝《よりとも》公が朝廷の敵をたおし…「吾妻鏡」（一部要約）

③御成敗式目《ごせいばいしきもく》（1232年）
●北条泰時《やすとき》により制定された最初の武家法

一　諸国の守護の職務は，頼朝公の時代に定められたように，…謀反人《むほんにん》や殺人などの犯罪人を取り締《し》まることである。（一部要約）

④元寇《げんこう》（1274年，1281年）
フビライ・ハン vs 北条時宗《ときむね》
☆元軍の２回の襲来《しゅうらい》の流れをおさえる。
●文永《ぶんえい》の役…集団戦法や火薬の使用
↓幕府は博多湾岸に防壁《ぼうへき》を築く
●弘安《こうあん》の役…暴風雨により撤退《てったい》

⑤永仁《えいにん》の徳政令（1297年）
●元寇の恩賞不足や分割相続による土地の細分化などで生活が苦しくなった御家人《ごけにん》を救うために出される

…御家人の土地売買や質入れは，以後，これを禁止する。以前に売却した土地については，本来の持ち主に返還《へんかん》せよ。（一部要約）

☆どの資料がどのできごとを示しているか，判断できるようにする。

鎌倉新仏教

☆開祖と宗派を覚える。

1200年　1300年

念仏　法然《ほうねん》（浄土《じょうど》宗）親鸞《しんらん》（浄土真宗）一遍《いっぺん》（時宗）

禅宗　栄西《ようさい》（臨済《りんざい》宗）道元《どうげん》（曹洞《そうとう》宗）

題目　日蓮《にちれん》（日蓮宗）

鎌倉文化

金剛力士像《こんごうりきしぞう》（運慶《うんけい》ら）新古今和歌集

平家物語　徒然草《つれづれぐさ》

人々の生活

- 西日本を中心に二毛作（米→麦）が始まる
- 寺社の前などで月３回の定期市が開かれる
- 宋銭が広く使用される

鎌倉時代の世界のできごと

- 1206年…チンギス・ハンがモンゴル統一
  - 源頼朝のころ
- 1271年…フビライ・ハンが元を建国
  - 北条時宗のころ
- 1299年ごろ…マルコ・ポーロ
  「東方見聞録（世界の記述）」

室町時代（1338年～1573年）

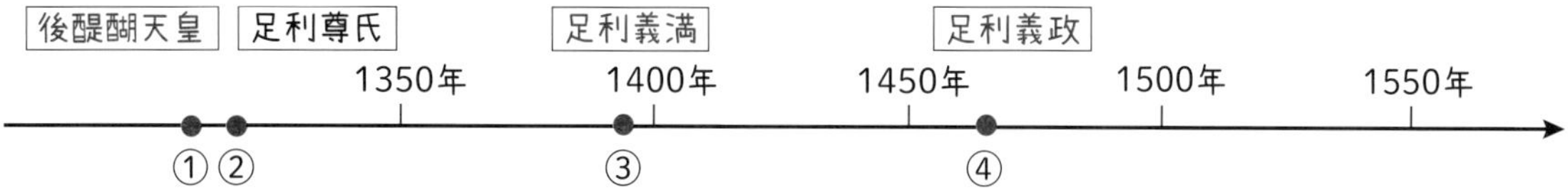

①建武《けんむ》の新政（1334年）
- 後醍醐《ごだいご》天皇による政治
  →武士を軽視し，貴族を重視
  →朝廷が南北に分かれる（南北朝）
- 後醍醐天皇は吉野《よしの》（奈良《なら》）へ（南朝）

③足利義満《あしかがよしみつ》
- 南北朝統一，日明《にちみん》貿易

④足利義政《よしまさ》
- 応仁《おうにん》の乱（1467年）→下剋上《げこくじょう》
- 戦国大名は独自の法律である分国法を定めた

②室町《むろまち》幕府（1338年）
幕府のしくみの比較《ひかく》

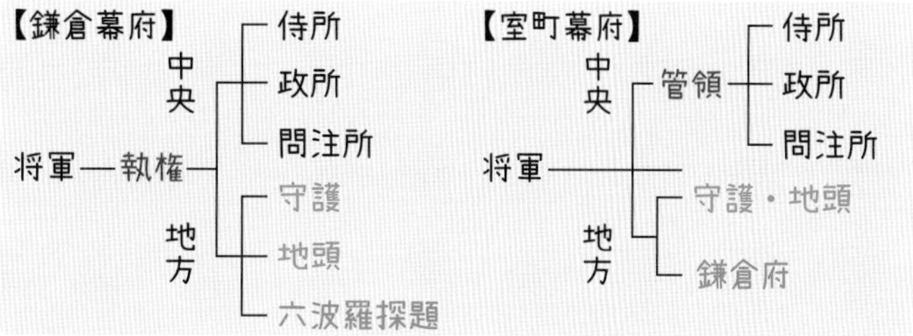

- 鎌倉幕府では守護と地頭は同格，室町幕府では守護の下に地頭
- 室町幕府は京都にあったため，関東支配のため鎌倉府が置かれる

貿易

	おもな輸入品	おもな輸出品
日宋貿易	宋銭・絹織物	硫黄《いおう》・刀
日明貿易（勘合《かんごう》貿易）	銅銭（明銭）・生糸	銅・硫黄・刀

（勘合貿易）　朝貢《ちょうこう》貿易，倭寇《わこう》の取り締まり
└正式な貿易船であることを証明する

室町文化

- 足利義満のころ…能，狂言《きょうげん》，金閣
- 足利義政のころ…水墨画《すいぼくが》（雪舟《せっしゅう》），銀閣，書院造

人々の生活

- 馬借《ばしゃく》（運送）や問《とい》（倉庫業）の活躍《かつやく》
- 二毛作が広がり，月６回の定期市が開かれる
- 宋銭・明銭が広く使用される
- 座《ざ》（同業組合）の結成
- 惣《そう》（村の自治組織）の結成→村のおきて

室町時代の世界のできごと

- 14世紀…イタリアでルネサンスが起こる
- 1368年…元にかわって，明が起こる
- 1392年…高麗《こうらい》が滅び，朝鮮《ちょうせん》国が起こる
  - 足利義満のころ
- 1429年…琉球《りゅうきゅう》王国が成立

応仁の乱（1467年）

- 1492年…コロンブスが西インド諸島に到達
- 1498年…バスコ・ダ・ガマがインドに到達
- 1517年…ルターが宗教改革を始める
- 1519年…マゼランが世界周航に出発する

鉄砲伝来（1543年）

一揆

正長《しょうちょう》の土一揆《どいっき》→山城国《やましろのくに》一揆→加賀《かが》の一向《いっこう》一揆

☆順番に注意する。

第7回 ステップ2

歴史2

封建社会の成立と中世の世界

時間 30分 目標 70点

得点　　　点

解答 別冊 p.14

1 次の問いに答えなさい。

44点（各4点，(1)完答）

年代	おもなできごと
935	平将門の乱が起こる……………………A
	B
1185	（　a　）で平氏が滅亡する………C
1221	後鳥羽上皇が挙兵する………………D
1333	鎌倉幕府が滅びる
1334	建武の新政が始まる…………………E
1338	足利尊氏が征夷大将軍になる
	ア
1392	南北朝が統一する
	イ
1428	正長の土一揆が起こる………………F
	ウ
1467	応仁の乱が始まる……………………G
	エ
1488	加賀の一向一揆が始まる…………H

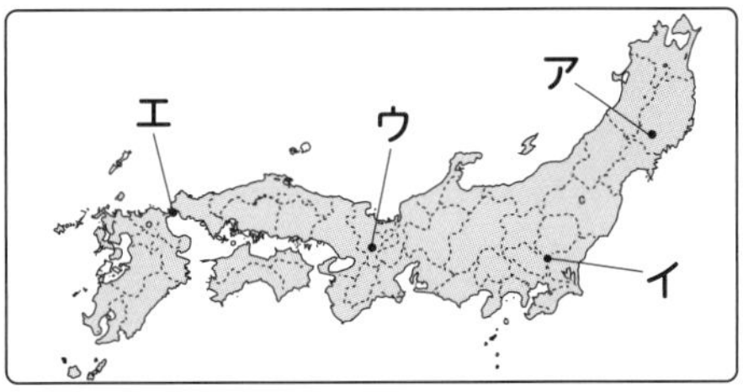

(1) 年表中のaにあてはまる戦乱の名を書きなさい。また，aの戦乱が起こった場所を，右下の地図中のア～エから選びなさい。

a（　　　　　　）　記号（　　　　）

(2) Aとほぼ同じ時期に，瀬戸内海《せとないかい》一帯で乱を起こした人物はだれですか。（　　　　　　）

(3) Bの時期のできごとである次のア～エを，古い順に並べ替えなさい。

ア　平治《へいじ》の乱が起こる

イ　保元《ほうげん》の乱が起こる

ウ　白河上皇《しらかわじょうこう》が院政を始める

エ　平清盛《たいらのきよもり》が太政大臣になる

（　　　→　　　→　　　→　　　）

(4) Cと同じ年に，源頼朝《みなもとのよりとも》が朝廷《ちょうてい》の許可を得て，守護と地頭を設置しました。これらの役職に任命されたのは，どのような人たちか書きなさい。

（　　　　　　）

(5) Dのころ，琵琶《びわ》法師によって語られるようになった軍記物を何といいますか。（　　　　　　）

(6) Eを行った人物はだれですか。（　　　　　　）

(7) Fとほぼ同じころに起こった世界のできごとを，次のア～エから選びなさい。（　　　）

ア　マゼランが世界周航に出発する。　イ　ムハンマドがイスラム教を開く。

ウ　琉球《りゅうきゅう》王国が成立する。　エ　チンギス・ハンがモンゴルを統一する。

(8) Fは，近江《おうみ》の馬借《ばしゃく》らが借金帳消しを求めて起こしたものです。幕府により出された借金帳消し令のことを何といいますか。（　　　　　　）

(9) Gのころ，独自の水墨画《すいぼくが》を完成させた人物はだれですか。（　　　　　　）

(10) Hに関して，一向一揆とは，一向宗の信徒が起こした一揆です。一向宗とは何という仏教の宗派のことですか。次のア～エから選びなさい。（　　　）

ア　浄土真宗　イ　日蓮《にちれん》宗　ウ　浄土宗　エ　曹洞《そうとう》宗

(11) 山城国《やましろのくに》一揆が起こった時期を，年表中のア～エから選びなさい。（　　　）

2　右の資料を見て，次の問いに答えなさい。　32点（各４点）

⑴　資料Ⅰについて，次の問いに答えなさい。

①　この資料の法令を制定した人物はだれですか。　（　　　　　）

②　①の人物がついた，将軍を補佐する役職を何といいますか。（　　　　　）

資料Ⅰ

> 一　諸国の（　a　）の職務は，（　b　）公の時代に定められたように，京都の御所の警備と，謀反《むほん》や殺人などの犯罪人の取り締《し》まりに限る。

③　資料中のａ，ｂにあてはまる語句や人物名を，それぞれ漢字２字で書きなさい。

ａ（　　　　　）　ｂ（　　　　　）

⑵　資料Ⅱについて，次の問いに答えなさい。

①　この札は，中国と貿易を行うときに使われた勘合《かんごう》とよばれるものです。このときの中国の王朝名を，漢字１字で書きなさい。　（　　　）

②　この札を使った貿易で，日本が中国から輸入したおもな品目としてあてはまるものを，次のア～エから選びなさい。　（　　　）

ア　銅　　**イ**　硫黄　　**ウ**　刀　　**エ**　銅銭

③　中国との貿易で勘合が使用された理由を，簡単に書きなさい。

（　　　　　　　　　　　　　　　　　　　　）

④　この時代に発展した能の合間に演じられた，民衆の生活や感情を表した劇を何といいますか。　（　　　　　）

資料Ⅱ

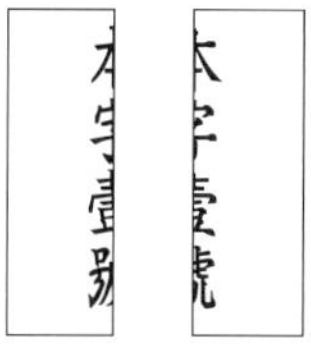

3　次の文章を読んで，あとの問いに答えなさい。　24点（各４点）

> Ⅰ　鎌倉時代から室町《むろまち》時代にかけて，農業技術が大きく進歩し，生産力が高まったことから農民が自立し始め，（　a　）とよばれる自治的な組織が生まれた。また，農村で手工業を行う人も増え，それにつれてｂ<u>商業</u>も発展した。
>
> Ⅱ　ｃ<u>応仁の乱</u>以降，ｄ<u>下剋上《げこくじょう》</u>の世の中で，京都の祇園祭《ぎおんまつり》はおとろえたが，商工業者である（　e　）の手によって後に再興された。

⑴　Ⅰの文章中のａにあてはまる語句を書きなさい。　（　　　　　）

⑵　下線部ｂについて，この時代に活躍《かつやく》した，荷物を馬の背に乗せて運ぶ輸送業者を何といいますか。　（　　　　　）

⑶　下線部ｂについて，手工業者や商人は同業者の組合を結成し，公家や寺社に物や銭《ぜに》を納めるかわりに保護を受けました。この組合を何といいますか。　（　　　　　）

⑷　下線部ｃのころの室町幕府の将軍はだれですか。　（　　　　　）

⑸　下線部ｄについて，この語句の意味を簡単に書きなさい。

（　　　　　　　　　　　　　　　　　　　　）

⑹　ｅにあてはまる語句を書きなさい。　（　　　　　）

ヒント　1　⑶平清盛は２つの戦いを制して，太政大臣となった。
2　⑵③勘合貿易が始まったころ，中国の沿岸部がどのような集団に襲《おそ》われていたかを考える。

第8回 ステップ1

歴史3

ヨーロッパの発展と封建社会の確立

月　　日

ヨーロッパの発展

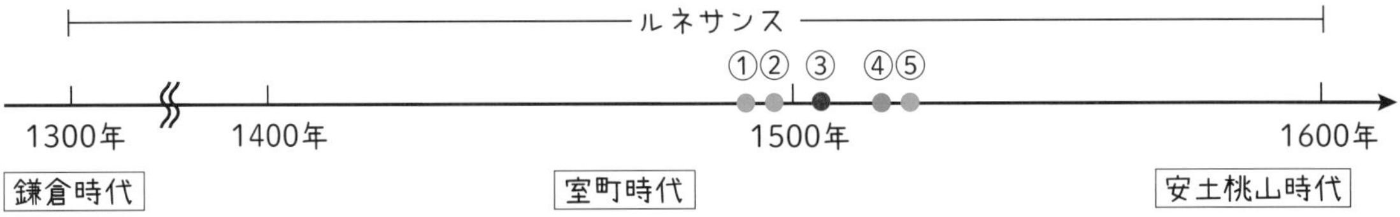

大航海時代

☆ルート・支援《しえん》元・到達地をおさえる。

①コロンブス（スペインの援助）→西インド諸島（A）

②バスコ・ダ・ガマ（ポルトガルの援助）→インド（B）

→ポルトガルのアジア進出

⑤マゼラン船隊（スペインの援助）→世界周航（C）

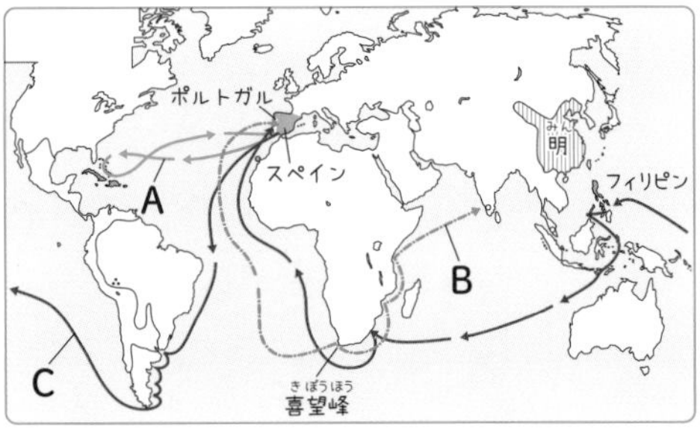

ルネサンス

③ミケランジェロ「ダビデ」

レオナルド・ダ・ビンチ「モナ・リザ」

宗教改革

④ルターやカルバン（プロテスタント）

カトリックは勢力拡大のためイエズス会を設立→アジアやアフリカ大陸へ布教

安土桃山時代（1573年～1603年）

①鉄砲《てっぽう》伝来（1543年）

- ポルトガル人が種子島《たねがしま》に流れ着いて鉄砲が伝わる
- 堺《さかい》（大阪《おおさか》）などで生産

②キリスト教伝来（1549年）

フランシスコ・ザビエル（スペイン）

→鹿児島《かごしま》に上陸してキリスト教を布教

- キリシタンが増え，キリシタン大名も現れる
- 天正遣欧《てんしょうけんおう》使節がローマ教皇《きょうこう》の元へ派遣《はけん》される

南蛮貿易

おもな輸入品	生糸《きいと》・絹織物・鉄砲
おもな輸出品	銀

桃山文化

姫路《ひめじ》城（兵庫《ひょうご》県），大阪城

狩野永徳《かのうえいとく》（ふすま絵），千利休《せんのりきゅう》（わび茶）

織田信長

- ③室町《むろまち》幕府を滅《ほろ》ぼす（1573年）
- 武田勝頼《たけだかつより》を長篠《ながしの》の戦い（愛知《あいち》県）で破る

  →鉄砲を活用した戦い
- 楽市《らくいち》・楽座《らくざ》，関所の廃止《はいし》，安土《あづち》城（滋賀《しが》県）

  →商業の発展

豊臣秀吉

- ④北条《ほうじょう》氏を滅ぼし，全国統一（1590年）
- バテレン追放令→キリスト教の布教禁止
- 太閤検地《たいこうけんち》と刀狩《かたながり》→兵農分離《へいのうぶんり》
- 朝鮮《ちょうせん》出兵…明《みん》の征服を目指す

民衆の文化

かぶきおどり（出雲《いずも》の阿国《おくに》）

人形浄瑠璃《じょうるり》

江戸時代（1603年～1867年）

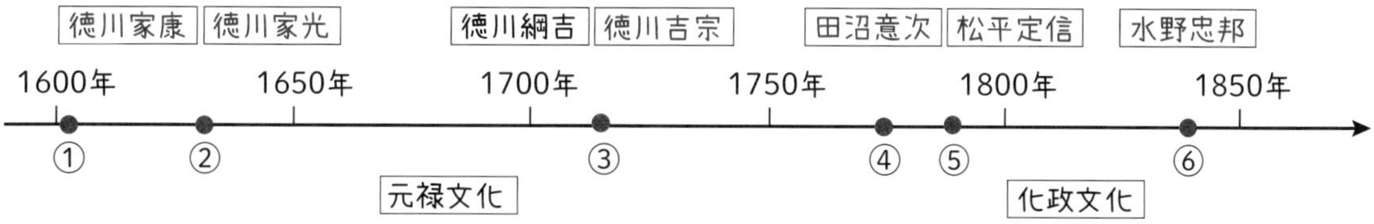

徳川家康

- 関ヶ原《せきがはら》の戦い（岐阜県）で石田三成《いしだみつなり》に勝利
- ①征夷大将軍《せいいたいしょうぐん》となる（1603年）
- 朱印船《しゅいんせん》貿易の奨励《しょうれい》→東南アジアに日本町

徳川綱吉

- 生類憐《しょうるいあわれ》みの令…人々に慈悲の心を持たせる
- 元禄《げんろく》文化

徳川吉宗

- ③享保《きょうほう》の改革（1716年～）
- 公事方御定書を制定，目安箱を設置
- 上げ米の制…参勤交代時の江戸《えど》での滞在《たいざい》期間を短縮するかわりに米を幕府に献上《けんじょう》させる

田沼意次

- ④老中《ろうじゅう》に就任（1772年）
- 株仲間の結成を認める…商人に営業の独占《どくせん》を認めるかわりに営業税を幕府に納めさせる

松平定信

- ⑤寛政《かんせい》の改革（1787年～）
- 幕府の学校での朱子学《しゅしがく》以外の学問を禁止
- 囲米《かこいまい》…非常用の米を蓄《たくわ》えさせる

水野忠邦

- ⑥天保《てんぽう》の改革（1841年～）
- 株仲間の解散…物価の安定を目指す

江戸時代の世界のできごと

- 1640年…ピューリタン革命（英）
  徳川家光のころ
- 1688年…名誉《めいよ》革命（英）
  徳川綱吉のころ
- 1775年…アメリカ独立戦争
  田沼意次のころ
- 1789年…フランス革命
  松平定信のころ

徳川家光

- ②武家諸法度に参勤交代の制度を追加（1635年）
- キリスト教の禁止
  →踏絵《ふみえ》を用いた絵踏でキリスト教信者を探す
- 島原《しまばら》・天草一揆《あまくさいっき》の鎮圧《ちんあつ》
- キリスト教を布教しないオランダと清《しん》だけが長崎《ながさき》で貿易→鎖国《さこく》の完成

対外関係（窓口の藩）

アイヌ民族（松前《まつまえ》藩）　琉球《りゅうきゅう》王国（薩摩《さつま》藩）
朝鮮（対馬《つしま》藩）→朝鮮通信使

貿易

	おもな輸入品	おもな輸出品
朱印船貿易	生糸・絹織物	銀
長崎の貿易	生糸・絹織物	銀・俵物《たわらもの》

百姓

- 備中《びっちゅう》ぐわや千歯こきなど農具の発達
- 五人組…年貢《ねんぐ》納入などに対して連帯責任を負う

元禄文化

- 上方《かみがた》（大阪や京都《きょうと》）中心の町人文化
- 近松門左衛門《ちかまつもんざえもん》（人形浄瑠璃），松尾芭蕉《まつおばしょう》（俳諧《はいかい》）

化政文化

- 江戸中心の町人文化
- 葛飾北斎《かつしかほくさい》，歌川広重《うたがわひろしげ》（風景画）

学問

- 本居宣長《もとおりのりなが》（国学）…日本古来の思想を研究
- 杉田玄白《すぎたげんぱく》（蘭学《らんがく》）ら…「解体新書」を出版
- 伊能忠敬《いのうただたか》…正確な日本地図を製作する

社会の変化

- 問屋制家内工業→工場制手工業へ
- 百姓一揆（村）や打ちこわし（都市）の増加

第8回 ステップ2

歴史3

ヨーロッパの発展と封建社会の確立

時間 30分　目標 70点　得点　　点

解答 別冊 p.16

1 次の問いに答えなさい。

52点（各4点，(7)完答）

A コロンブスは，1492年に西インド諸島に到達し，新航路開《かい》拓《たく》のきっかけをつくった。

B a日本にキリスト教を伝えたこの人物は，（　Ⅰ　）会の宣教師として，山口《やまぐち》や京都《きょうと》などで布教した。

C 徳川家康《とくがわいえやす》は，（　Ⅱ　）の戦いに勝利して天下の実権を握《にぎ》り，征夷大将軍《せいいたいしょうぐん》に任命され，江戸《えど》に幕府を開いた。

D 徳川吉宗《よしむね》は，（　Ⅲ　）の改革を始め，公事方御定書の制定のほか，b新田開発などを奨励《しょうれい》した。

E c積極的な経済政策を行った田沼意次《たぬまおきつぐ》が老中《ろうじゅう》に就任した当時，d百姓一揆《ひゃくしょういっき》や打ちこわしなどが多発した。

F 1841年に老中になったこの人物が始めた（　Ⅳ　）の改革は，2年余りで失敗に終わった。

地図Ⅰ

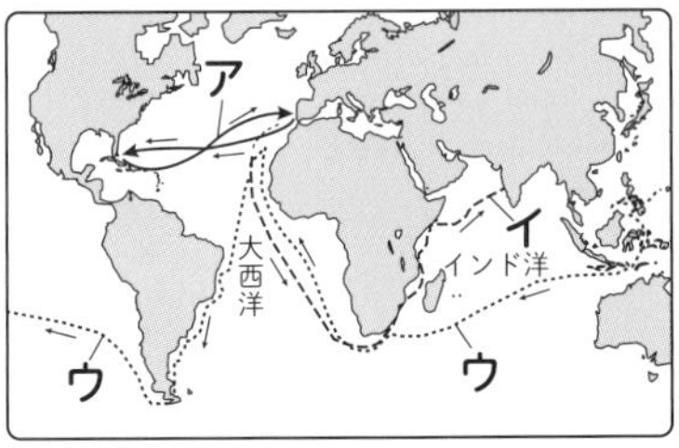

地図Ⅱ

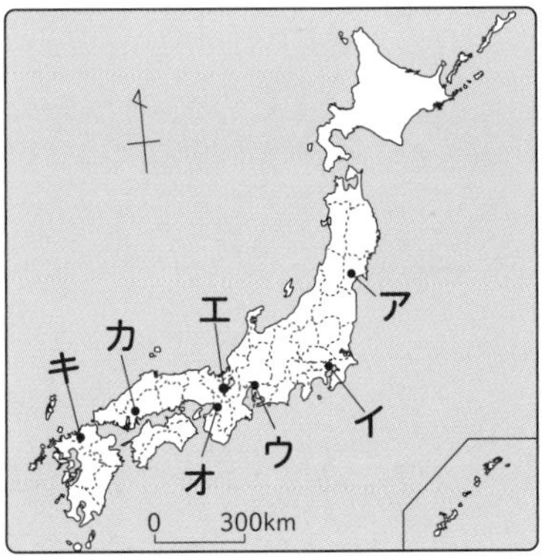

(1) BとFにあてはまる人物名をそれぞれ書きなさい。

B（　　　　　　）　F（　　　　　　）

(2) Ⅰ～Ⅳにあてはまる語句をそれぞれ書きなさい。

Ⅰ（　　　　　　）　Ⅱ（　　　　　　）

Ⅲ（　　　　　　）　Ⅳ（　　　　　　）

(3) Aのコロンブスが発見した航路を，**地図Ⅰのア～ウ**から選びなさい。（　　　）

(4) 下線部aの背景にある，ルターなどによるキリスト教の改革を何といいますか。

（　　　　　　）

(5) 下線部bは，農業の改良などに大きな役割を果たしました。右の農具を何といいますか。（　　　　　　）

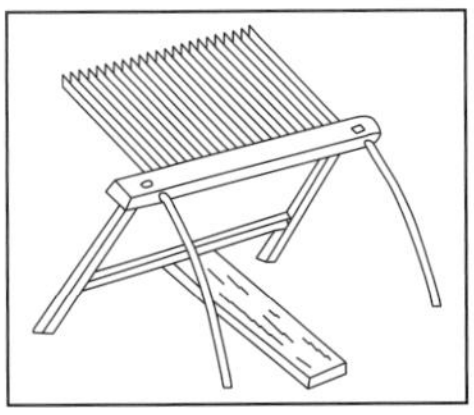

(6) 下線部cについて，田沼意次が結成を奨励し，Fの人物が解散を命じた商工業者の同業組合を何といいますか。（　　　　　　）

(7) 下線部cに関連して，三都とよばれた都市を，**地図Ⅱのア～キ**から3つ選びなさい。（　　　）・（　　　）・（　　　）

(8) Eの人物が活躍《かつやく》したころの世界のできごとを，次の**ア～エ**から選びなさい。（　　　）

ア イギリスで名誉《めいよ》革命が起こる。　**イ** アメリカ独立戦争が起こる。

ウ マゼランが世界周航に出発する。　**エ** イタリアでルネサンスが始まる。

(9) 下線部dの中心人物たちは，からかさ連判状に円形に署名しました。円形に署名した理由を，簡単に書きなさい。（　　　　　　）

2 右の資料を見て，次の問いに答えなさい。　　24点（各４点）

(1) **資料Ⅰ**について，次の問いに答えなさい。

① この資料の戦いに勝利した織田《おだ》・徳川連合軍は，資料中の**A**，**B**のどちらですか。（　　）

② この資料の戦いにおいて使用された新しい武器を何といいますか。（　　）

③ この戦いが行われた場所は現在の何県ですか。（　　）県

資料Ⅰ

資料Ⅱ

> 諸国の百姓が刀や脇差し，弓，やり，鉄砲，そのほかの武具などをもつことは固く禁止する。

(2) **資料Ⅱ**について，次の問いに答えなさい。

① この法令を何といいますか。（　　）

② この法令などにより兵農分離《へいのうぶんり》が進みました。兵農分離とはどのようなことですか。簡単に書きなさい。

（　　）

③ この法令を出した人物に仕え，わび茶の作法を完成させた人物はだれですか。

（　　）

3 次の問いに答えなさい。　　24点（各４点，(4)(6)完答）

UP (1) 次の**ア**～**エ**を年代の古い順に並べ替えなさい。（　→　→　→　）

ア オランダの商館を長崎《ながさき》の出島《でじま》に移す。　**イ** ポルトガル船の来航を禁止する。

ウ 島原《しまばら》・天草《あまくさ》一揆が起こる。　**エ** スペイン船の来航を禁止する。

(2) 島原・天草一揆が起きた場所を，地図中の**ア**～**エ**から選びなさい。（　　）

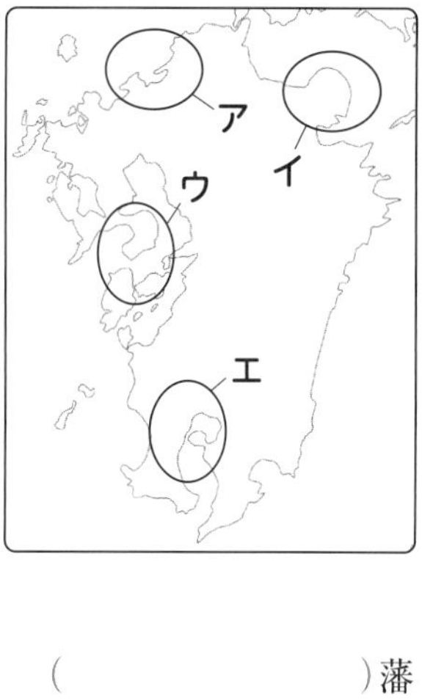

(3) 島原・天草一揆が起きたときの江戸幕府の将軍を，次の**ア**～**エ**から選びなさい。（　　）

ア 徳川家康　**イ** 徳川家光《いえみつ》

ウ 徳川綱吉《つなよし》　**エ** 徳川吉宗

(4) この当時，朝鮮《ちょうせん》との外交を担当していたのは何藩《はん》ですか。また，将軍の代替わりごとなどに朝鮮から訪れた祝賀の使節を何といいますか。（　　）藩　使節（　　）

(5) 独立国だった琉球《りゅうきゅう》王国を支配したのは何藩ですか。（　　）藩

(6) 鎖国《さこく》中に長崎で貿易を許された国を２つ書きなさい。

（　　）・（　　）

ヒント
1 (8)ア～エのできごとは，エ→ウ→ア→イの順に起こった。
1 (9)百姓一揆は，幕府や藩に対する抵抗《ていこう》であることから考える。

第9回 ステップ1

歴史4

月　日

欧米の近代化と近代日本の成立

欧米の近代化とアジア侵略

1650年　1700年　1750年　1800年　1850年

①徳川家光　②徳川綱吉　③田沼意次　④松平定信　⑤　⑥水野忠邦　⑦⑧井伊直弼

イギリス
①1640年～　ピューリタン革命（クロムウェル）
②1688年　名誉《めいよ》革命→権利章典
18世紀～　産業革命
⑥1840年　アヘン戦争→南京《ナンキン》条約
⑦1857年　インド大反乱

アメリカ
③1775年～　独立戦争→独立宣言
⑧1861年～　南北戦争（リンカン）

フランス
④1789年～　フランス革命→人権宣言
⑤1804年　ナポレオンが皇帝《こうてい》になる

☆3つの資料を識別できるようにする。

第1条　議会の同意なしに，国王は法律を停止することはできない。（一部要約）

見分けるキーワード：議会

我々は以下のことを自明の真理であると考える。まず，人間はみな平等につくられ，神より奪《うば》いがたい権利を与《あた》えられている。その中には，生命，自由，幸福追求の権利がある。（一部要約）

見分けるキーワード：幸福追求

第1条　人は生まれながらに，自由かつ平等な権利を持っている。（一部要約）

見分けるキーワード：自由・平等

江戸時代（1603年～1867年）

1850年　1860年　1870年

①　②　③　④　⑤　⑥　⑦　⑧

開国

①1853年　ペリーが浦賀《うらが》（神奈川《かながわ》県）に来航

開国を求めた理由

アメリカの貿易船や捕鯨《ほげい》船の寄港地とするため

②1854年　日米和親条約（下田《しもだ》・函館《はこだて》の開港）

→オランダ・イギリス・ロシアとも和親条約を結ぶ

③1858年　日米修好通商条約（井伊直弼《いいなおすけ》・ハリス）

（函館・神奈川・新潟《にいがた》・兵庫《ひょうご》・長崎《ながさき》の開港）

→アメリカ・オランダ・イギリス・フランス・ロシアと条約を結ぶ。領事裁判権を認め，関税自主権がない。

開国後の貿易

おもな輸入品	おもな輸出品	最大の貿易相手国
毛織物・綿織物	生糸・茶	イギリス

- 物価の上昇《じょうしょう》によって幕府への不満が高まる
- アメリカは南北戦争の影響《えいきょう》によりイギリスが最大の貿易相手国となる

尊王攘夷運動

④1862年　薩摩藩《さつまはん》
生麦《なまむぎ》事件→薩英戦争

⑤1864年　長州《ちょうしゅう》藩
四国艦隊下関砲撃事件《しこくかんたいしものせきほうげき》

→攘夷から倒幕へ

倒幕

⑥1866年　薩長同盟（坂本龍馬《さかもとりょうま》）
⑦1867年　大政奉還《たいせいほうかん》（徳川慶喜《とくがわよしのぶ》）
⑧1868年　戊辰《ぼしん》戦争

金と銀の交換比率の違い

日本（金1：銀5）　外国（金1：銀15）
外国で銀を金に交換するより日本で交換したほうが3倍の金を入手できた
→日本の金が海外に流出した

明治時代（1868年～1912年）

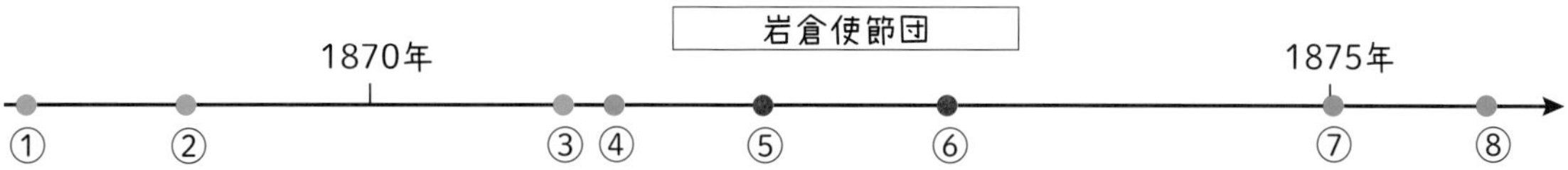

明治維新（中央集権国家へ）

①1868年　五箇条《ごかじょう》の御誓文《ごせいもん》

> 一　広ク会議ヲ興《おこ》シ万機《ばんき》公論ニ決スベシ

②1869年　版籍《はんせき》奉還→土地と人民を天皇へ返上

③1871年　廃藩置県《はいはんちけん》→中央政府から役人を派遣《はけん》

外交（国際関係の形成）

④1871年　日清《にっしん》修好条規（対等条約）

⑦1875年　樺太《からふと》・千島《ちしま》交換条約

⑧1876年　日朝《にっちょう》修好条規

殖産興業と富国強兵

⑤1872年　学制

（６歳になった男女は小学校に）

鉄道開通（新橋《しんばし》～横浜《よこはま》間）

富岡《とみおか》製糸場（群馬《ぐんま》県）

⑥1873年　徴兵令《ちょうへいれい》（20歳《さい》以上の男子）

地租改正

土地の所有者に地券を発行し，地価の３％を現金で納めさせる

→財政を安定させるため

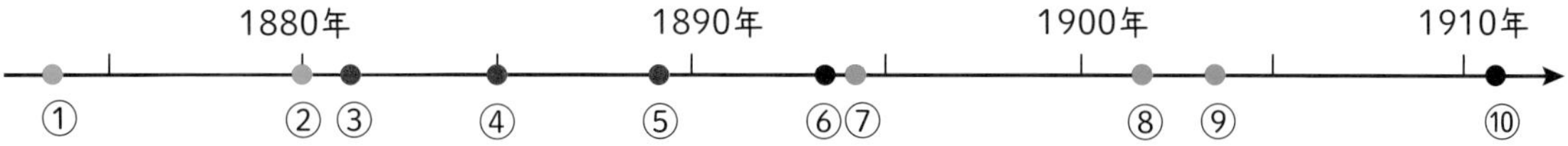

自由民権運動

①1874年　民撰《みんせん》議院設立建白書（板垣退助《いたがきたいすけ》）

②1880年　国会期成同盟（大阪《おおさか》で結成）

自由党→板垣退助

立憲改進党→大隈重信《おおくましげのぶ》

立憲制国家へ

③1881年　国会開設の勅諭《ちょくゆ》

伊藤博文《いとうひろぶみ》がドイツで君主権の強い憲法や国家制度の調査

④1885年　内閣制度の創設

⑤1889年　大日本帝国憲法発布

→選挙権：直接国税15円以上を納めた満25歳以上の男子

条約改正

⑥1894年　領事裁判権の撤廃《てっぱい》（陸奥宗光《むつむねみつ》）

⑩1911年　関税自主権の回復（小村寿太郎《こむらじゅたろう》）

産業の進展

1880年代後半…軽工業中心（紡績《ぼうせき》・製糸など）

※紡績…日清戦争後に輸出量が輸入量を上回る

1901年…八幡《やはた》製鉄所操業開始（重工業中心へ）

日清・日露戦争

⑦1894年　甲午《こうご》農民戦争→日清《にっしん》戦争

下関条約

- 賠償《ばいしょう》金の一部を八幡《やはた》製鉄所の建設費に使用
- 遼東《りょうとう》半島や台湾《たいわん》などの領土を獲得《かくとく》
  →三国干渉《かんしょう》（ロシア・ドイツ・フランス）により遼東半島を清に返却《へんきゃく》

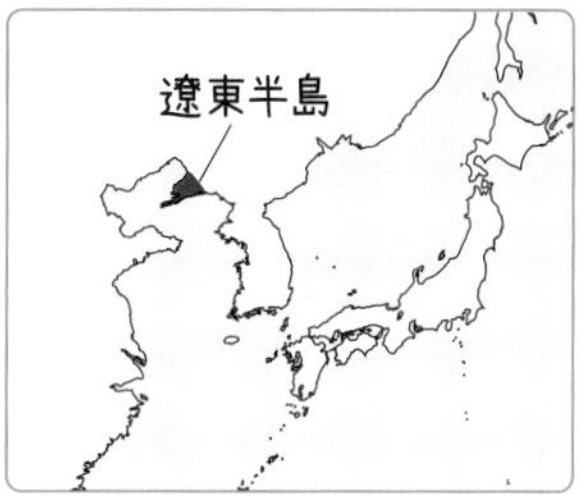

⑧1902年　日英同盟

⑨1904年　日露《にちろ》戦争

ポーツマス条約

- 樺太の南半分を獲得
- 賠償金を得られず国民の不満が高まる
  →日比谷《ひびや》焼き打ち事件

第9回 ステップ2

歴史4

欧米の近代化と近代日本の成立

時間 30分 目標 70点 得点 点

解答 別冊 p.18

1 A～Cの国について述べた次の文章を読んで，あとの問いに答えなさい。 24点（各4点）

A 名誉《めいよ》革命の翌年，□が発行され，国民の自由と権利が保障され，議会の地位が確立した。

B A国が13の植民地に新たに課税を強化しようとすると，植民地の人々は独立戦争を始め，翌年□を発表した。その後，独立を達成したこの国では，19世紀後半，経済事情の違《ちが》いなどからa南北戦争が起こり，北部が勝利した。

C 身分制社会が続いていたこの国では，b啓蒙《けいもう》思想が広まっていた。国王が身分制議会を召集《しょうしゅう》すると，これに反発する民衆がバスチーユ牢獄《ろうごく》を襲《おそ》い，c革命が勃発《ぼっぱつ》すると，ただちに国民議会は□を発表した。

(1) A～Cの□にあてはまる法令・宣言名をそれぞれ書きなさい。

A（　　）　B（　　）　C（　　）

(2) 下線部aで勝利した北部出身の大統領はだれですか。（　　）

(3) 下線部bについて，著書「社会契約《けいやく》論」で人民主権を主張した人物はだれですか。

（　　）

(4) 下線部cの理念である「自由・平等」の思想を各地に広め，後にCの国の皇帝《こうてい》となった人物はだれですか。（　　）

2 右の年表を見て，次の問いに答えなさい。 52点（各4点）

年代	おもなできごと
1853	a が浦賀に来航する
	A
1867	b が大政奉還を行う
1873	地租改正が実施される…………B
1877	c が起こる
	ア
1889	大日本帝国《ていこく》憲法が発布される…C
1890	第1回帝国議会が開かれる……D
	イ
1894	日清戦争が始まる………………E
	ウ
1904	日露戦争が始まる………………F
	エ
1910	d を併合する

(1) 年表中のa～dにあてはまる人物名，語句をそれぞれ書きなさい。 a（　　）　b（　　）

c（　　）　d（　　）

(2) Aの時期に起きた次のア～エのできごとを，年代の古い順に並べ替えなさい。

ア 薩長《さっちょう》同盟の締結《ていけつ》　イ 生麦《なまむぎ》事件

ウ 安政《あんせい》の大獄《たいごく》　エ 薩英《さつえい》戦争

（　→　→　→　）

(3) Bでは，当初，地価の何％を地租《ちそ》として土地の所有者に納めさせましたか。（　　）

(4) Cの憲法では，臣民の権利は何の範囲《はんい》内で認めると規定されていましたか。（　　）

(5) Dに先立って行われた，第1回衆議院議員選挙の選挙資格は，どのような人にあたえられましたか。（　　）

(6) E，Fの戦争の講和条約名を書きなさい。 E（　　）　F（　　）

(7) 次のできごとが起きた時期を，年表中のア～エからそれぞれ選びなさい。

①八幡《やはた》製鉄所の操業開始（　　）　②秩父《ちちぶ》事件（　　）　③義務教育を6年に延長（　　）

3 右の資料を見て，次の問いに答えなさい。 12点（各4点）

(1) 1840年，清とイギリスとの間で戦争が始まりました。これについて，次の問いに答えなさい。

① この戦争のきっかけになった，イギリスがインドで生産した麻薬を何といいますか。(　　　　　)

② この戦争の結果，イギリスが清から譲《ゆず》られたところとして正しいものを，次の**ア**～**エ**から選びなさい。(　　　)

ア 広州《こうしゅう》　**イ** 南京《ナンキン》　**ウ** 上海《シャンハイ》　**エ** 香港《ホンコン》

資料
イギリスとインドの綿織物の輸出額の推移

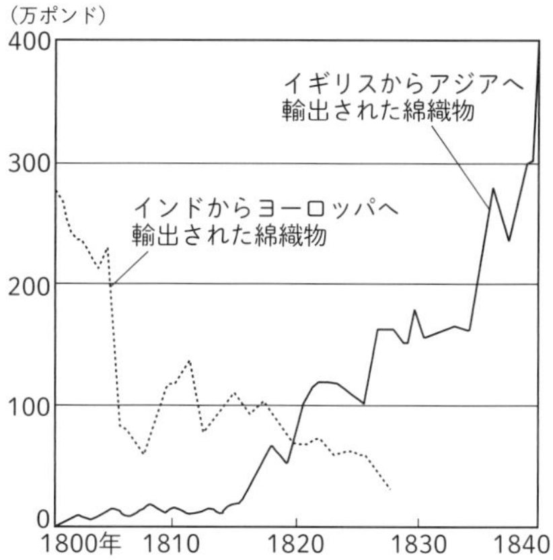

（ポンドはイギリスの通貨の単位）（「インド史」）

(2) 右の資料で，1820年を境に，イギリスとインドの輸出額が逆転しています。その背景には，18世紀後半，イギリスで起こった工業化による社会や生活の大きな変化があります。この大きな変化を何といいますか。書きなさい。(　　　　　　　　)

4 次の問いに答えなさい。 12点（各4点）

UP (1) 明治時代のできごとである**A**～**D**を，年代の古い順に並べ替えたものとして正しいものを，あとの**ア**～**エ**から選びなさい。(　　　)

A ロシアの南下をおさえるために，イギリスが日本と日英同盟を結んだ。

B ロシアがドイツ，フランスとともに遼東《りょうとう》半島を清に返還《へんかん》するよう日本に勧告《かんこく》した。

C アメリカの仲介《ちゅうかい》で日本とロシアの間で講和会議が開かれた。

D 日本がロシアと樺太《からふと》・千島交換《ちしまこうかん》条約を結んだ。

ア B→A→D→C　**イ** B→D→C→A　**ウ** D→B→A→C　**エ** D→B→C→A

(2) イギリスに関するできごとである**A**～**D**を，年代の古い順に並べ替えたものとして正しいものを，あとの**ア**～**エ**から選びなさい。(　　　)

A アメリカがイギリスからの独立を宣言した。

B 議会と国王の対立が激しくなり，国王が処刑され，クロムウェルが共和政を樹立した。

C 議会が一致して国王を退位させ，新しい国王をオランダから迎《むか》えた。

D ムガル帝国を滅《ほろ》ぼし，インド大反乱を鎮圧《ちんあつ》した。

ア B→C→A→D　**イ** B→D→A→C　**ウ** C→A→B→D　**エ** C→B→A→D

(3) 不平等条約の改正に関する文として正しいものを，次の**ア**～**エ**から選びなさい。(　　　)

ア 日清戦争直前に岩倉《いわくら》使節団がイギリスとの間で治外法権の撤廃《てっぱい》に成功した。

イ 寺島宗則《てらじまむねのり》が外務大臣のときに，イギリスとの間で通商航海条約が結ばれ，治外法権が撤廃された。

ウ 井上馨《いのうえかおる》の欧化《おうか》政策によって条約改正交渉《こうしょう》が成功し，関税自主権が一部回復した。

エ 日露戦争後，小村寿太郎《こむらじゅたろう》が外務大臣のときに関税自主権が完全に回復した。

ヒント 2 (7)②秩父事件は，農民や自由党員が税金の減額などを求めて起こした騒動《そうどう》である。
4 (1)Dは1875年のできごとである。

第10回 ステップ1　歴史5

月　日

二度の世界大戦と日本

大正時代（1912年～1926年）

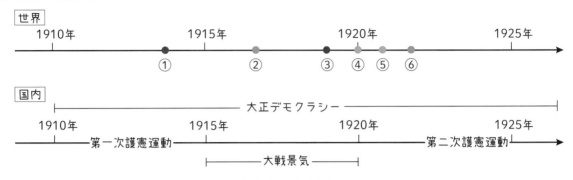

世界

1910年　1915年　1920年　1925年

①　②　③　④　⑤　⑥

国内

1910年　1915年　1920年　1925年

大正デモクラシー

第一次護憲運動　第二次護憲運動

大戦景気

第一次世界大戦

①1914年～　サラエボ事件→第一次世界大戦

三国同盟：ドイツ、イタリア、オーストリア
三国協商：イギリス、フランス、ロシア
三国同盟 ⇔ 三国協商：対立
オーストリア ⇔ セルビア：対立
ロシア → セルビア：支援
イギリス ― 日本：日英同盟

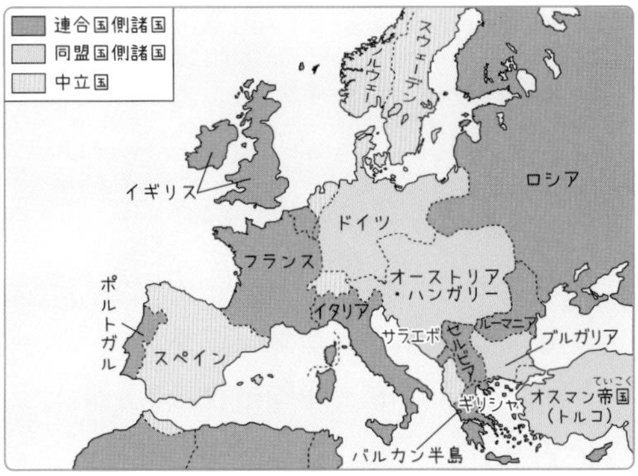

- 社会全体を巻き込《こ》む総力戦となる
- 男性が兵士として戦場に向かい，女性がかわりに労働をになった→女性の地位向上

③1919年　ベルサイユ条約
→条約の内容に対する不満から，中国で反日運動である五《ご》・四《し》運動が起こる

ロシア革命

②1917年～　ロシア革命…レーニンの指導
⑥1922年　ソビエト社会主義共和国連邦《れんぽう》成立

国際協調

ウィルソン…民族自決の原則を唱える
→列強諸国の支配に対する抵抗《ていこう》運動が起こる
インド…イギリスに対する抵抗運動（ガンディー）
朝鮮《ちょうせん》…日本からの独立を求める三・一独立運動

④1920年　国際連盟成立（スイスのジュネーブ）
→常任理事国は
イギリス・フランス・イタリア・日本

⑤1921年～　ワシントン会議（軍縮を目指す）

大正デモクラシー

民主主義を求める動きや風潮

民本主義（吉野作造《よしのさくぞう》）
…国体が君主政か共和政であるかを問わないで，一般《いっぱん》の人々を重んじ，階層による差別をしないことが大切である。よって，どのような国でも通用する考え方という意味で，民本主義という用語がもっとも適当であると考えた。（一部要約）

米騒動

- シベリア出兵をあてこんだ米の買い占《し》めにより米価が急騰《きゅうとう》し，米の安売りを求める
→米騒動の責任をとって寺内《てらうち》内閣が辞職
- 立憲政友会の原敬《はらたかし》が，陸軍・海軍・外務大臣以外の閣僚《かくりょう》をすべて，衆議院の第一党である立憲政友会の党員が占める内閣をつくり，政党政治をすすめた

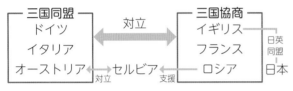

護憲運動

政治に民衆の考えを反映しようとする運動
第一次…桂太郎《かつらたろう》内閣（藩閥）を総辞職に追い込む
第二次…護憲派の政党出身の加藤高明《かとうたかあき》内閣が成立
→普通《ふつう》選挙法（満25歳《さい》以上の男子に選挙権）
☆選挙権の条件と，有権者の割合を覚える。
普通選挙法成立と同じ年に治安維持《いじ》法も成立する。

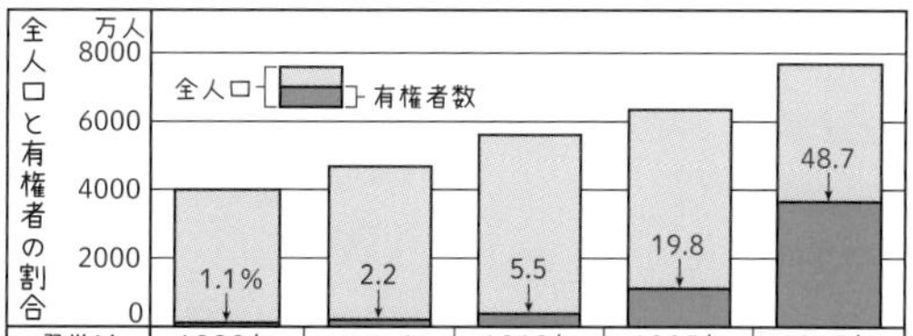

選挙法成立年		1889年（明治22）	1900年（明治33）	1919年（大正８）	1925年（大正14）	1945年（昭和20）
選挙実施年		1890年	1902年	1920年	1928年	1946年
選挙資格	性別	男				男女
	年齢	25歳以上				20歳以上
	納税額	直接国税15円以上	直接国税10円以上	直接国税３円以上	制限なし	制限なし

（「新版 日本長期統計総覧」ほか）

昭和時代（1926年～1989年）

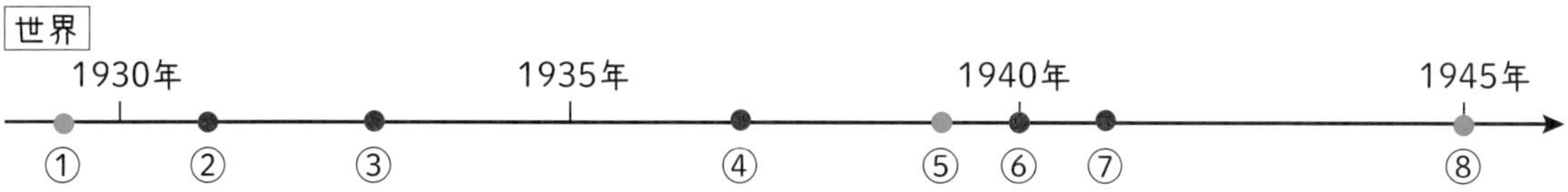

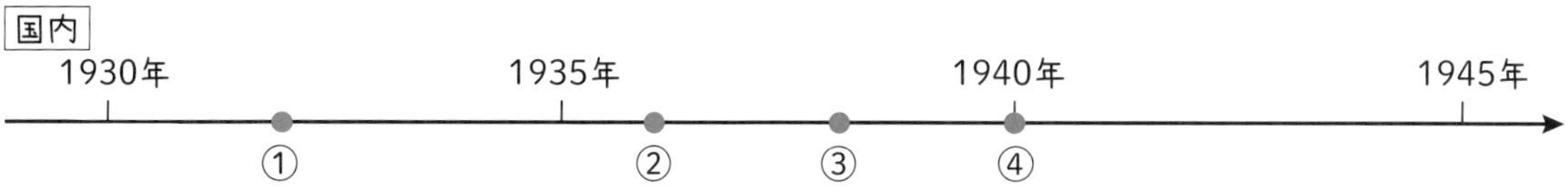

第二次世界大戦へ

①1929年　世界恐慌《きょうこう》
アメリカ…ニューディール政策
イギリス・フランス…ブロック経済
ソ連…五か年計画（計画経済）
ファシズムの台頭…軍国主義的な独裁政治
ドイツ…ヒトラー（ナチス）
イタリア…ムッソリーニ（ファシスト党）
⑤1939年　ドイツがポーランドへ侵攻《しんこう》
→第二次世界大戦へ
⑦1941年　大西洋憲章を発表（アメリカ・イギリス）
⑧1945年５月　ドイツ降伏《こうふく》

▼おもな国の鉱工業生産

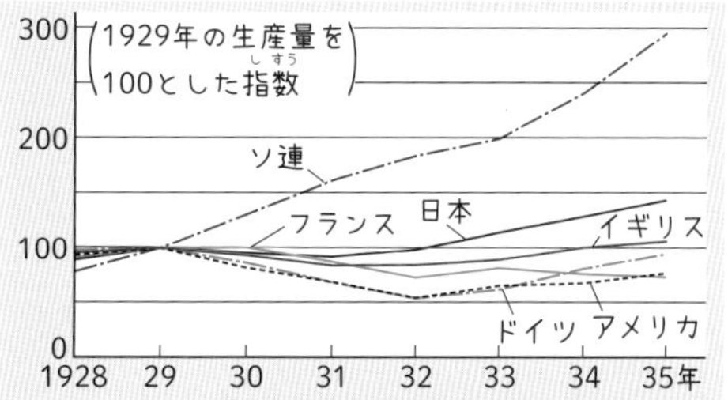

（「League of Nations, Monthly Bulletin of Statistics」）

政党内閣の終わりと戦時体制

①1932年　五・一五事件（犬養毅《いぬかいつよし》首相暗殺）
→政党内閣の時代が終わる
②1936年　二・二六事件
→軍部の発言力が強まる
③1938年　国家総動員法制定
→政府は，議会の承認なしで戦争に必要な物資や労働力を動員する権限を得る
④1940年　大政翼賛会《たいせいよくさんかい》結成
→すべての政党は解散

太平洋戦争へ

②1931年　満州《まんしゅう》事変（柳条湖《りゅうじょうこ》事件）
→翌年，満州国建国
③1933年　国際連盟脱退《だったい》を通告
④1937年　日中戦争（盧溝橋《ろこうきょう》事件）
⑥1940年　日独伊三国同盟
⑦1941年　太平洋戦争へ

太平洋戦争

● 日本がハワイの真珠湾《しんじゅわん》とイギリス領マレー半島を攻撃《こうげき》
→ミッドウェー海戦の敗北で戦局が変わる
⑧1945年３月　東京大空襲《とうきょうだいくうしゅう》
４月　沖縄《おきなわ》上陸
８月６日　広島《ひろしま》に原子爆弾《ばくだん》投下
８月８日　ソ連が宣戦布告
８月９日　長崎《ながさき》に原子爆弾投下
８月14日　ポツダム宣言受諾《じゅだく》

第10回

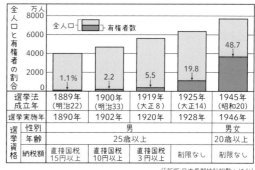

第10回 ステップ2 歴史5 二度の世界大戦と日本

時間 30分 目標 70点 得点 点

解答 別冊 p.20

1 右の年表を見て，次の問いに答えなさい。 68点（各4点）

年代	おもなできごと
1912	第三次桂太郎《かつらたろう》内閣が成立する……A
1914	第一次世界大戦が始まる
1915	中国に二十一か条の要求を示す…B
1917	ロシア革命が起こる………………C
1918	米騒動《そうどう》が起こる…………………D
1919	パリ講和会議が開かれる…………E
1920	国際連盟が成立する………………F
1925	G が制定される
1929	世界恐慌《きょうこう》が始まる……………………H
1931	満州《まんしゅう》事変が起こる……………………I
1932	五・一五事件が起こる……………J
	ア
1936	二・二六事件が起こる
	イ
1939	第二次世界大戦が始まる
	ウ
1941	太平洋戦争が始まる
	エ
1945	第二次世界大戦が終結する………K

(1) 年表中のAのころの憲法に基づく政治を守ろうとする運動を，何といいますか。(　　)

(2) (1)の動きの指導的理論となった，吉野作造《よしのさくぞう》が主張した，普通《ふつう》選挙によって民意を政治に反映させる考えを何といいますか。(　　)

(3) Bの1つとして，日本は中国のある省におけるドイツの権益を受けつぐことを要求しました。ある省とは何省ですか。(　　)省

(4) Cを指導し，世界で最初の社会主義政府を成立させた人物はだれですか。(　　)

(5) Dの一因となったできごとを，次のア～エから選びなさい。(　　)

ア 江華島《カンファド》事件　**イ** 甲午《こうご》農民戦争

ウ 義和団《ぎわだん》事件　**エ** シベリア出兵

(6) Eと同じころ，非暴力・不服従の反英運動を展開した人物はだれですか。(　　)

(7) 中国国内では，Eの会議の内容に不満をもつ学生を中心に反日運動が起こり，さらに帝国《ていこく》主義に反対する運動へと発展しました。これを何といいますか。(　　)

(8) Fの設立を提唱したアメリカの大統領を，次のア～エから選びなさい。(　　)

ア ワシントン　**イ** リンカン　**ウ** ローズベルト　**エ** ウィルソン

(9) Gにあてはまる，共産主義に対する取り締《し》まりを強めるために制定された法律を何といいますか。(　　)

(10) Hに対しアメリカがとった政策を，次のア～エから選びなさい。(　　)

ア ファシズム　**イ** ニューディール　**ウ** 五か年計画　**エ** ABCD包囲網

(11) Iのきっかけとなったできごとを，次のア～エから選びなさい。(　　)

ア 盧溝橋《ろこうきょう》事件　**イ** 義和団事件　**ウ** 柳条湖《りゅうじょうこ》事件　**エ** 江華島事件

(12) Jの影響《えいきょう》を，「政党」という語句を用いて，簡単に書きなさい。

(　　)

(13) Kは，日本が何という宣言を受諾《じゅだく》したからですか。(　　)

(14) 次のできごとが起こった時期を，年表中のア～エからそれぞれ選びなさい。

① 広島《ひろしま》・長崎《ながさき》に原子爆弾《ばくだん》が投下される(　　)　② 日独伊三国同盟が結ばれる(　　)

③ 日中戦争が始まる(　　)　④ 国際連盟脱退《だったい》を表明する(　　)

2　右の資料を見て，次の問いに答えなさい。　20点（各４点）

(1)　**資料Ⅰ**は，大正《たいしょう》期における日本の貿易額の推移を示したものです。これを見て，次の問いに答えなさい。

①　**X**のころには，ヨーロッパを中心にあるできごとが起こっていました。あるできごととは何ですか。　（　　　　　　　　　　）

②　この資料から読み取れることを，当時のヨーロッパの状況《じょうきょう》とあわせて，簡単に書きなさい。

（　　　　　　　　　　　　　　　　　　　　　　　　）

資料Ⅰ

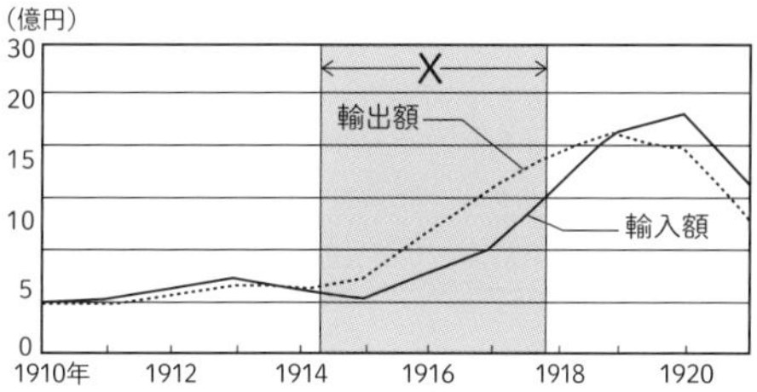

（「日本経済統計集 1868～1945」）

(2)　**資料Ⅱ**は，有権者数の変化を示したものです。これを見て，次の問いに答えなさい。

①　1928年の有権者数が1920年にくらべて約４倍に増えている理由を，選挙資格に着目して簡単に書きなさい。

（　　　　　　　　　　　　　　　　　　　　　　　　）

②　①のように有権者数が増加したのは，ある法律が制定されたからです。この法律を何といいますか。また，この法律が制定されたときの首相はだれですか。

法律名（　　　　　　　　）　首相名（　　　　　　　　）

資料Ⅱ

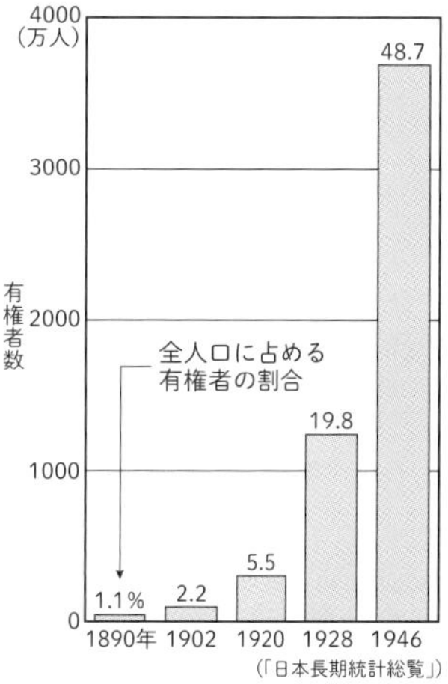

（「日本長期統計総覧」）

3　次の問いに答えなさい。　12点（各４点）

(1)　世界恐慌について述べた文として正しいものを，次の**ア**～**エ**から選びなさい。　（　　　）

ア　イギリスは植民地以外の国と積極的に貿易をすすめ，景気の回復をはかった。

イ　ドイツでは恐慌の影響《えいきょう》で政治と経済は混乱し，ファシスト党に対する反発が高まった。

ウ　日本はすでに関東大震災《かんとうだいしんさい》による恐慌に陥《おちい》っていたため，世界恐慌の影響を受けなかった。

エ　ソ連は社会主義政策をすすめたため，世界恐慌の影響をほとんど受けなかった。

(2)　ドイツに関するできごとである**A**～**D**を，年代の古い順に並べたものとして正しいものを，あとの**ア**～**エ**から選びなさい。　（　　　）

A　ソ連と不可侵条約を結んだ。　**B**　ヒトラーが首相となり，独裁政治を始めた。

C　ポーランドに侵攻した。　**D**　日本・イタリアと同盟を結んだ。

ア　A→D→B→C　**イ**　A→B→C→D　**ウ**　B→A→D→C　**エ**　B→A→C→D

(3)　ワシントン会議について述べた文として正しいものを，次の**ア**～**ウ**から選びなさい。　（　　　）

ア　会議の結果，ベルサイユ条約が結ばれた。

イ　会議の結果，ファシズムに反対し，平和と安全を守る大西洋憲章が発表された。

ウ　会議の結果，海軍の軍備を制限し，太平洋地域の現状維持《いじ》などを確認した。

ヒント　1　⑿1924年から続いていた内閣の形がくずれるようになったことから判断。

2　(2)①普通選挙が実現したとき，何が撤廃《てっぱい》されたのかを考える。

第11回 ステップ1 歴史6

新しい世界と日本

月　日

昭和時代（1926年～1989年）

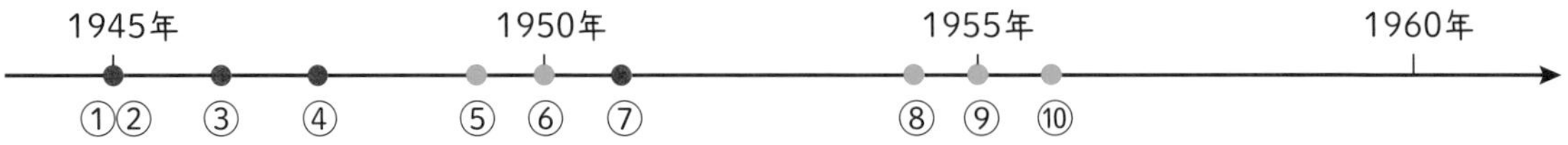

連合国軍による占領

②1945年　財閥《ざいばつ》解体
選挙法改正（満20歳《さい》以上の男女に選挙権）
労働組合法制定
農地改革

③1946年　日本国憲法公布

④1947年　教育基本法制定
労働基準法制定，日本国憲法施行《しこう》

⑦1951年　サンフランシスコ平和条約
→日米安全保障条約（吉田茂《よしだしげる》内閣）

サンフランシスコ平和条約

第１条（ｂ）　連合国は，日本国及《およ》びその領海に対する日本国民の完全な主権を承認する。

第２条（ａ）日本国は，朝鮮《ちょうせん》の独立を承認して，済《さい》州島《しゅうとう》，巨文島《きょぶんとう》及び鬱陵島《うつりょうとう》を含《ふく》む朝鮮に対するすべての権利を放棄《ほうき》する。　（一部要約）

農地改革

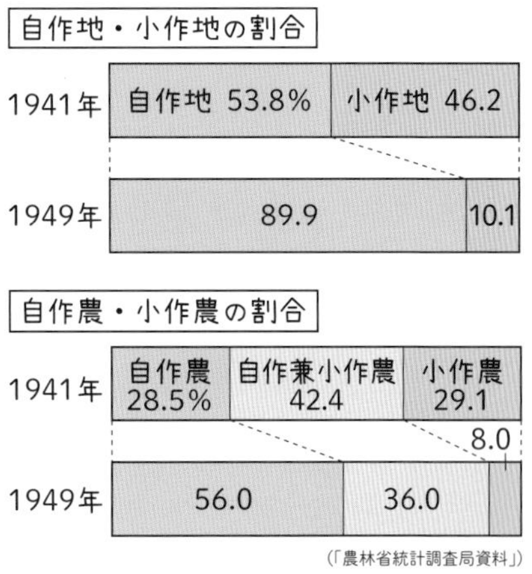

政府は地主がもつ小作地を強制的に買い上げ，小作人に安く売り渡《わた》した
→自作農の増加

国際社会

①1945年　国際連合発足（原加盟国51か国）
→本部はアメリカのニューヨーク

⑤1949年　中華人民共和国《ちゅうかじんみんきょうわこく》成立（毛沢東《もうたくとう》）
→蔣介石《しょうかいせき》率いる国民党は台湾へ

⑥1950年　朝鮮戦争
- GHQの指令で警察予備隊を組織
  →のちに自衛隊へ

⑧1954年　アメリカの水爆《すいばく》実験により第五福竜丸が被爆《ひばく》
→原水爆禁止運動が全国に広がる

⑨1955年　アジア・アフリカ会議（インドネシア）

⑩1956年　日ソ共同宣言（鳩山一郎《はとやまいちろう》内閣）
→国際連合加盟

冷戦

東西陣営《じんえい》の厳しい対立
西側（資本主義）…北大西洋条約機構（NATO）
東側（共産主義）…ワルシャワ条約機構

朝鮮戦争

大韓民国《だいかんみんこく》…アメリカ中心の国連軍が支援《しえん》
北朝鮮…ソ連や中国の義勇軍が支援

日ソ共同宣言

四、ソビエト社会主義共和国連邦《れんぽう》は，国際連合への加入に関する日本国の申請《しんせい》を支持するものとする。　（一部要約）

昭和から平成時代（1989年～2019年）

日本の国際関係と国際社会

①1965年　日韓基本条約

②1972年　日中共同声明（田中角栄《たなかかくえい》内閣）
沖縄返還《おきなわへんかん》，非核《ひかく》三原則（佐藤栄作《さとうえいさく》内閣）

③1973年　アメリカ軍のベトナムからの撤退《てったい》
→ベトナム戦争終了へ

④1978年　日中平和友好条約

⑤1989年　マルタ会談→冷戦終結
アメリカ：ブッシュ大統領
ソ連：ゴルバチョフ書記長

⑥1991年　湾岸《わんがん》戦争

⑦1992年　自衛隊がPKOでカンボジアに

⑧2003年　イラク戦争

高度経済成長と環境対策

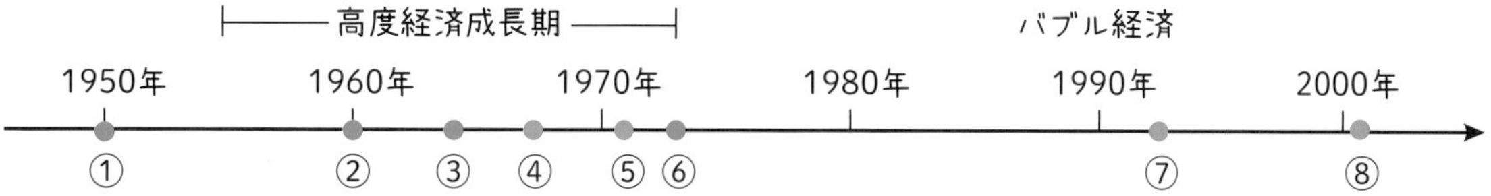

①1950年～　特需《とくじゅ》景気…朝鮮戦争によるアメリカ軍からの物資の発注増加
1950年中ごろ～ 1973年　高度経済成長期…経済が急成長を続けた時期

②1960年　所得倍増計画…池田勇人《いけだはやと》内閣で決定された長期的な経済計画

③1964年　東京《とうきょう》オリンピック・パラリンピック

④1967年　公害対策基本法制定

⑤1971年　環境《かんきょう》庁設置

⑥1973年　石油危機…第四次中東戦争をきっかけに石油価格が大幅《おおはば》に上昇《じょうしょう》した
→高度経済成長の終わり
1980年代後半～　バブル経済…株価や地価が経済の実力以上に高騰《こうとう》した不健全な好景気
→1991年にバブル経済は崩壊《ほうかい》

⑦1993年　環境基本法制定…公害対策基本法を発展的に継承《けいしょう》

⑧2001年　環境省設置…省庁再編により環境庁から環境省へ昇格《しょうかく》

▼経済成長率の推移

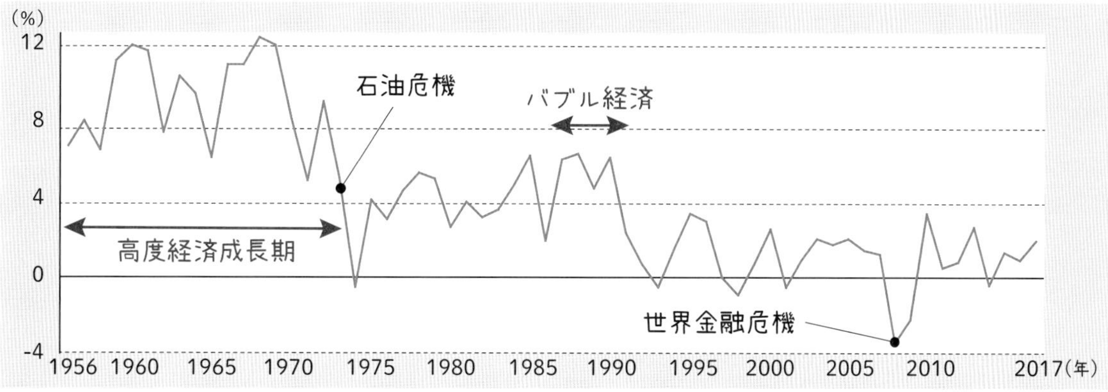

※経済成長率…国の経済規模が一年間でどれくらい成長したのかを示す割合

第11回 ステップ2

歴史6

新しい世界と日本

時間 30分 目標 70点

得点 点

解答 別冊 p.22

1 右の年表を見て，次の問いに答えなさい。

56点（各4点）

年代	おもなできごと
1945	GHQの日本占領《せんりょう》が始まる…………A
	国際連合が成立する…………………B
	ⓐ が制定される
	選挙法が改正される…………………C
	このころ，東西両陣営《じんえい》の対立が厳しくなる………………………………D
1946	日本国憲法が公布される…………E
1947	ⓑ が制定される
1951	第二次世界大戦の講和条約が結ばれる
1960	安保闘争《あんぽとうそう》が起こる
	ア
1964	東海道新幹線《しんかんせん》が開通する…………F
	イ
1970	大阪万国博覧会《ばんこくはくらんかい》が開かれる
	ウ
1973	第四次中東戦争が起こる…………G
	エ
1985	ⓒ が制定される
	オ
1989	昭和《しょうわ》から平成《へいせい》になる

(1) 年表中のⓐ～ⓒにあてはまる法律名を，次の**ア**～**オ**からそれぞれ選びなさい。

ア 公害対策基本法　**イ** 教育基本法

ウ 環境《かんきょう》基本法　**エ** 労働組合法

オ 男女雇用《こよう》機会均等法

ⓐ(　　　)　ⓑ(　　　)　ⓒ(　　　)

(2) Aについて，次の問いに答えなさい。

① GHQの最高司令官はだれですか。

(　　　　　)

② GHQは戦前の体制において経済的な支柱となっていた三井《みつい》・三菱《みつびし》などの大資本家の解体を指示しました。これを何といいますか。

(　　　　　)

(3) Bについて，次の問いに答えなさい。

① 国連の本部が置かれた都市はどこですか。

(　　　　　)

② 国連の中心となる安全保障理事会の常任理事国でない国を，次の**ア**～**エ**から選びなさい。(　　)

ア ドイツ　**イ** 中国　**ウ** ロシア　**エ** フランス

(4) Cにより，有権者は総人口の約50％となりました。その理由を簡潔に書きなさい。

(　　　　　　　　　　　　　　　　　　　　)

(5) Dについて，これを何といいますか。(　　　　　)

(6) Eの基本原則のうち，日本がアジアやそのほかの地域の国々に対し，多大な損害をあたえ，国内でも多くの犠牲者《ぎせいしゃ》を出した第二次世界大戦の反省から，定められたものは何ですか。

(　　　　　)

(7) Fについて，この年にオリンピックが開催《かいさい》された都市はどこですか。(　　　　)

(8) Gをきっかけに起こった世界的な経済不況《ふきょう》を何といいますか。(　　　　　)

(9) 次のできごとが起こった時期を，年表中の**ア**～**オ**からそれぞれ選びなさい。(同じ記号を選んでもかまいません。)

① 日本のGNPが資本主義国第２位となる。(　　)

② アメリカ軍の北爆によりベトナム戦争が本格化する。(　　)

2 右の資料を見て，次の問いに答えなさい。　　20点（各５点）

⑴ **資料Ⅰ**は，農地改革が行われる前と後の農家数の割合を示しています。このような変化をもたらした農地改革の内容について，簡潔に書きなさい。

(　　　　　　　　　　　　)

資料Ⅰ

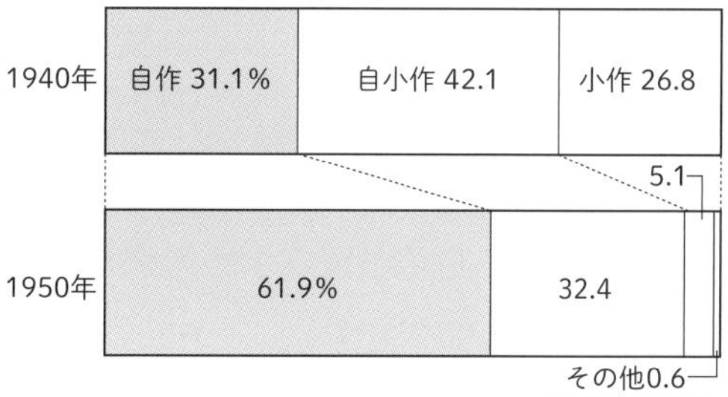

（「完結昭和国勢総覧」）

⑵ **資料Ⅱ**は，警察予備隊のようすです。これを見て，次の問いに答えなさい。

資料Ⅱ

① 警察予備隊がつくられたことには，1950年に始まった隣《りん》国《ごく》でのできごとが大きな影響《えいきょう》をあたえています。この隣国でのできごとを何といいますか。(　　　　　)

② 1954年，警察予備隊が強化されてつくられた組織は何ですか。(　　　　　)

③ GHQが占領政策を転換《てんかん》した当時の国際的なできごとは何ですか。次の**ア**～**エ**から選びなさい。(　　　)

ア 中華人民共和国《ちゅうかじんみんきょうわこく》が成立する。　**イ** ロシア革命が起こる。

ウ 世界恐慌《きょうこう》が起こる。　**エ** 辛亥《しんがい》革命が起こる。

3 次の問いに答えなさい。　　24点（各８点）

⑴ GHQの民主化政策について述べた文として正しいものを，次の**ア**～**エ**から選びなさい。(　　　)

ア 政治活動の自由が認められ，治安維持《いじ》法が制定された。

イ 教育基本法が制定され，小学校６年間と中学校３年間が義務教育となった。

ウ 財閥《ざいばつ》が保護され，労働基準法，労働組合法が制定された。

エ 民法が改正され，戸主を中心とした家制度が定められた。

⑵ 日本の外交に関して，1956年の日本の国連加盟よりも後に調印されたものを，次の**ア**～**エ**からすべて選びなさい。(　　　　　)

ア 日ソ共同宣言　**イ** 日韓《にっかん》基本条約　**ウ** 日米安全保障条約　**エ** 日中共同声明

UP ⑶ 次の**ア**～**エ**のできごとを年代の古い順に並べ替えなさい。

(　　→　　→　　→　　)

ア 公害対策基本法制定　**イ** 国際連合発足

ウ アジア・アフリカ会議の開催　**エ** 沖縄《おきなわ》の日本復帰

ヒント
1 ⑼①日本でオリンピックが開催された後のことである。
2 ⑵③アメリカは，東側陣営に対抗《たいこう》するために，日本の占領政策を転換した。

第12回 ステップ1　公民1

月　日

人権の尊重と日本国憲法

現代社会

少子高齢化（合計特殊《とくしゅ》出生率の減少と平均寿命《じゅみょう》の延伸《えんしん》）
→生産年齢《ねんれい》人口の減少による労働力不足と社会保障関係費の増加が課題
- 核《かく》家族世帯の増加→子どもの保育や高齢者の介護《かいご》が課題

▼年齢・男女別人口

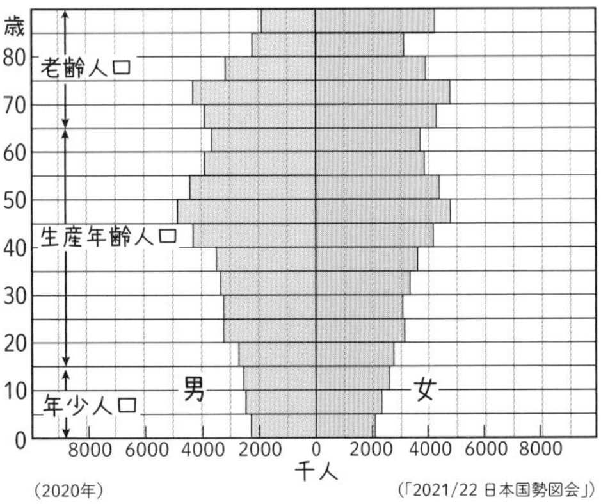

（2020年）　（「2021/22 日本国勢図会」）

情報社会→情報通信技術（ICT）や人工知能（AI）の発展。
- デジタル・ディバイド→情報格差の問題
- 情報リテラシー…情報を正しく活用する能力
- 情報モラル…情報を正しく利用する態度

社会での対立を解決するためのプロセス
→合意するための判断基準となる効率と公正が重要

効率
むだをなくし，より大きな利益を得る。

公正
手続きの公正さ…すべての人が参加しているか
機会の公正さ…機会が不当に制限されていないか
結果の公正さ…結果が不当なものになっていないか

- 話し合いの決定方法→全会一致《いっち》と多数決

人権の歴史

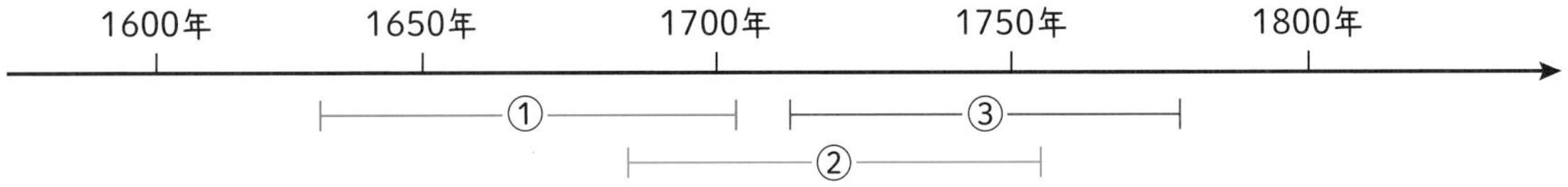

啓蒙思想家
①**ロック**（イギリス）…民主政治を主張し，アメリカの独立に影響《えいきょう》をあたえた。「統治二論」
②**モンテスキュー**（フランス）…権力を互《たが》いに監視《かんし》する権力の分立を主張した。「法の精神」
③**ルソー**（フランス）…人民主権を主張し，フランス革命に影響をあたえた。「社会契約《けいやく》論」

人権を保障するための法の支配

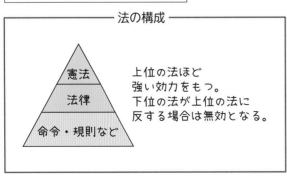

法の構成

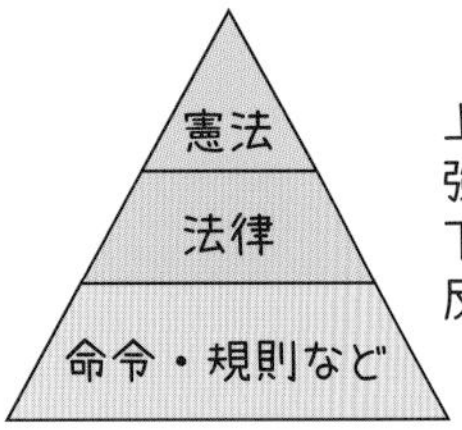

上位の法ほど強い効力をもつ。
下位の法が上位の法に反する場合は無効となる。

人の支配と法の支配

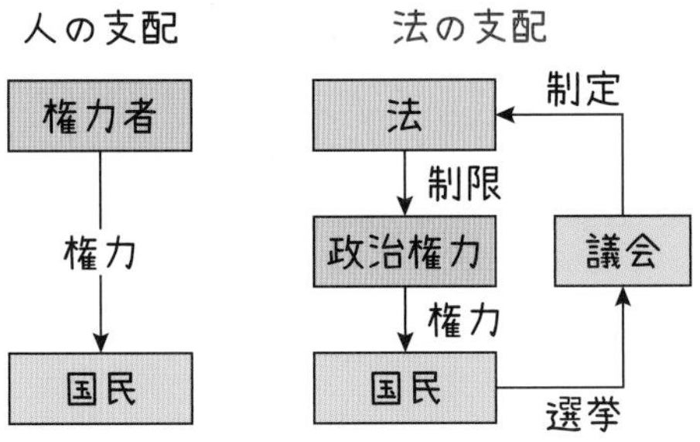

大日本帝国憲法と日本国憲法

憲法における人権の制限

大日本帝国《ていこく》憲法

第29条　日本臣民《しんみん》ハ法律ノ範囲《はんい》内ニ於《おい》テ言論著作印行集会及《および》結社ノ自由ヲ有ス

日本国憲法

第12条　…又《また》，国民は，これを濫用《らんよう》してはならないのであつて，常に公共の福祉《ふくし》のためにこれ（基本的人権）を利用する責任を負ふ。

※大日本帝国憲法では人権を認めていたが，治安維持《いじ》法などの法律によって，政府を批判する活動や本の出版などは禁止された。

国民主権

憲法改正の手続き

- 各議院の総議員の３分の２以上の賛成で国民に改正を**発議**し，国民投票の過半数の賛成の後，天皇が国民の名で公布

象徴天皇

- 天皇は国の政治についての権限はもたず，国事行為《こうい》のみを内閣の**助言**と**承認**《しょうにん》に基《もと》づいて行う。

ここに注意　国事行為

法律…国会が制定→天皇が公布
内閣総理大臣…国会が指名→天皇が任命
最高裁判所長官…内閣が指名→天皇が任命
国会の召集《しょうしゅう》…内閣が決定→天皇が召集
衆議院の解散…内閣が決定→天皇が解散

国民審査

- 最高裁判所裁判官が対象。就任後最初の衆議院議員総選挙のときと，その後10年経過したあとに行われる衆議院議員総選挙のときに行う。

基本的人権の尊重

法の下の平等（14条）→男女雇用《こよう》機会均等法（職場における男女差別の禁止），男女共同参画社会基本法（社会全体における男女差別の禁止）

生存権（25条）…すべて国民は，**健康**で**文化的**な**最低限度**の生活を営む権利を有する

新しい人権（憲法には規定はない）

- 環境《かんきょう》権…快適な環境で生きる権利
  →大規模開発の前に事前に環境への影響を調査する**環境アセスメント**（環境影響評価）を義務付け
- プライバシーの権利…私生活や個人の情報を守る権利→個人情報保護法
- 知る権利…政治について正しい判断をするために必要な情報を得る権利→情報公開制度
- 自己決定権…生き方や生活スタイルを自分で決定できる権利
  →インフォームド・コンセント，臓器提供意思表示カード

平和主義

- 警察予備隊（1950年）→保安隊（1952年）→自衛隊（1954年）
- 国際平和協力法（PKO協力法）…自衛隊をカンボジアへ派遣《はけん》

第12回 ステップ2

公民1

人権の尊重と日本国憲法

時間 30分 目標 70点

得点　　点

解答 別冊 p.24

1 次の日本国憲法の条文を読んで，あとの問いに答えなさい。 64点（各4点，(1)③は8点）

A　第1条　天皇は，日本国の［ Ⅰ ］であり日本国民統合の［ Ⅰ ］であつて，この地位は，a主権の存する日本国民の総意に基《もとづ》く。

B　第9条　①日本国民は，正義と秩序《ちつじょ》を基調《きちょう》とする国際平和を誠実に希求《ききゅう》し，国権の発動たる［ Ⅱ ］と，武力による威嚇《いかく》又《また》は武力の行使は，国際紛争《ふんそう》を解決する手段としては，永久《えいきゅう》にこれを放棄《ほうき》する。

②前項《ぜんこう》の目的を達するため，陸海空軍その他の戦力は，これを保持しない。国の［ Ⅲ ］権は，これを認めない。

C　第15条　①b公務員を選定し，及《およ》びこれを罷免《ひめん》することは，国民固有の権利である。

D　第21条　①c集会，結社及び言論，出版その他一切《いっさい》の表現の自由は，これを保障する。

E　第24条　②……婚姻《こんいん》及び家族に関するその他の事項に関しては，法律は，［ Ⅳ ］の尊厳と［ Ⅴ ］の本質的平等に立脚《りっきゃく》して，制定されなければならない。

F　第26条　①すべて国民は，……ひとしくd教育を受ける権利を有する。

②すべて国民は，……その保護するe子女に普通《ふつう》教育を受けさせる義務を負ふ《う》。

(1) 日本国憲法について，次の問いに答えなさい。

① この憲法の公布と施行《しこう》の年月日を書きなさい。ただし年は西暦《せいれき》で示すこと。

公布（　　　　　　）　施行（　　　　　　）

② Bは，この憲法の三大原則の1つを規定した条文です。この原則を何といいますか。

（　　　　　　）

③ この憲法は，大日本帝国《ていこく》憲法の改正というかたちで制定されました。大日本帝国憲法では，国民の権利はどのように規定されていましたか。簡潔に書きなさい。

（　　　　　　）

(2) 条文中のⅠ～Ⅴにあてはまる語句を，それぞれ漢字で書きなさい。

Ⅰ（　　　　）　Ⅱ（　　　　）　Ⅲ（　　　　）

Ⅳ（　　　　）　Ⅴ（　　　　）

(3) 下線部aの国民主権の考えを，17世紀末に『統治二論』の中で主張した人物はだれですか。

（　　　　　　）

(4) 下線部b，dの権利は，それぞれ何という基本的人権に含《ふく》まれますか。

b（　　　　）　d（　　　　）

(5) 下線部cは，何の自由に含まれますか。（　　　　）

(6) 下線部eは，国民の三大義務の1つです。あとの2つを書きなさい。

（　　　　）・（　　　　）

2 次の資料を見て，あとの問いに答えなさい。 24点（各４点，⑷は８点）

A ワイマール憲法
第151条 経済生活の安定は，すべての人に人間たるに値《あたい》する生活を保障する目的をもつ正義の原則に適合しなければならない。…
B 人権宣言
第１条 人は生まれながら，自由で（ a ）な権利をもつ。
C 独立宣言
われわれは，自明の真理として，すべての人は（ a ）につくられ，造物主《ぞうぶつしゅ》によって，一定の奪《うば》いがたい天賦《てんぷ》の権利を付与《ふよ》され，その中に生命・自由および（ b ）の追求の含まれることを信ずる。

(1) BとCのa，bにあてはまる語句をそれぞれ書きなさい。
a（ ） b（ ）
(2) Aは，何とよばれる基本的人権を世界で初めて保障したことで知られていますか。次のア～エから選びなさい。（ ）
ア 自由権 イ 社会権 ウ 平等権 エ 請求権《せいきゅう》
(3) Bは何というできごとのときに発表されましたか。次のア～エから選びなさい。（ ）
ア 名誉《めいよ》革命 イ ピューリタン革命 ウ 南北戦争 エ フランス革命
(4) A～Cが発表（制定）された年を古い順に並べ替えなさい。（ → → ）

3 次の問いに答えなさい。 12点（各４点）

(1) 次の権利のうち，「新しい人権」にあてはまるものを，ア～エから選びなさい。（ ）
ア お金や土地などの財産を持つ権利
イ 個人が自分の生き方や生活の仕方について自由に決定できる権利
ウ 国や地方の機関に要望できる権利
エ 使用者と対等な立場で賃金や休暇《きゅうか》について交渉《こうしょう》できる権利
(2) 日本国憲法についての文として正しいものを，次のア～エから選びなさい。（ ）
ア 日本国憲法は，国民主権，平等権，平和主義の３つの考え方を基本原則としている。
イ 天皇は憲法に定める国事行為《こうい》のみを行い，国事行為には国会の助言と承認が必要である。
ウ 日本国憲法は，ドイツの憲法を参考に制定された。
エ 日本国憲法では，話し合いによって全体の意思を決定するため間接民主制が採用されている。
(3) 次の文章の（ ）にあてはまる語句を，漢字６字で書きなさい。（ ）

国際連合は，これまで人種差別撤廃《てっぱい》条約や子どもの権利条約などを採択《さいたく》してきた。これらの条約の根底にある理念は，1948年に採択された（ ）に示されている。その第１条には「すべての人は生まれながらにして自由であって，その尊厳と権利とについては平等である。…」と示されている。

ヒント 2 ⑴b 日本国憲法13条にも見られる言葉である。
2 ⑷自由権は18世紀的権利，社会権は20世紀的権利とよばれていることから判断する。

月　　日

現代の政治と社会

選挙と政党

選挙

●選挙制度…公職選挙法に規定されている

→衆議院：**小選挙区比例代表並立《へいりつ》制**

参議院：選挙区制と比例代表制

●比例代表制の議席配分（ドント式）

→各政党の得票数を整数（1，2，3，4…）で割る。商の大きい順に定数（この場合は4議席）まで配分

●**一票の格差**…選挙区によって議員1人あたりの有権者数に違《ちが》いがあること（法の下《もと》の平等に反する）

（例）A選挙区…1人あたりの有権者数は15000人

B選挙区…1人あたりの有権者数は10000人

→A選挙区のほうが，B選挙区より一票の価値が低い

▼小選挙区制と比例代表制の特徴

小選挙区制	比例代表制
1つの選挙区から1人選出	政党の得票数に応じて議席を配分
死票が多くなる	死票が少ない
大政党に有利	少数政党でも議席が得やすい

▼ドント式の計算方法

政党名	A	B	C
得票数	3000	1800	1200
÷1	3000①	1800②	1200④
÷2	1500③	900	600
÷3	1000	600	400

国会

●国会の種類→常会（毎年1回，**1月**に召集《しょうしゅう》）と特別会（衆議院解散後の総選挙から**30日**以内）は開催《かいさい》されるときが決まっている

●二院制（衆議院・参議院）が採られている理由→審議を慎重《しんちょう》に行うため

●国会の仕事→法律の制定，予算の**議決**，内閣総理大臣の指名，条約の**承認《しょうにん》**，**国政調査権**（政府や国会議員などに対して），**弾劾《だんがい》裁判所**（裁判所に対して），憲法改正の発議

●衆議院の優越《ゆうえつ》

衆議院が優越される理由→衆議院議員のほうが任期も短く解散もあるため，国民の意見を反映しやすいから

[法律案の議決]…参議院が衆議院と異なった議決をしたとき→衆議院が出席議員の3分の2以上の賛成で再可決したときは，法律となる

[予算の先議]…予算は**衆議院に先議権**がある

[予算の議決と条約の承認]…両院が異なる議決をし，**両院協議会**を開いても意見が一致《いっち》しないときや，参議院が衆議院の可決した議案を受け取ったあと30日以内に議決しないとき→衆議院の議決が国会の議決となる

[内閣総理大臣の指名]…両院が異なる議決をし，**両院協議会**を開いても意見が一致しないときや衆議院の指名後，10日以内に参議院が議決しないとき→衆議院の議決が国会の議決となる

[内閣不信任の決議]…内閣不信任の決議ができるのは**衆議院のみ**

内閣

- 議院内閣制→内閣は国会の信任によって成立し，国会に対して連帯して責任を負うしくみ
- 内閣の仕事→法律の執行《しっこう》，**政令**の制定，条約を**結ぶ**，最高裁判所長官の指名，そのほかの裁判官の任命，予算案の**作成**，天皇の国事行為《こうい》に対する助言と承認

▼国会と内閣の関係

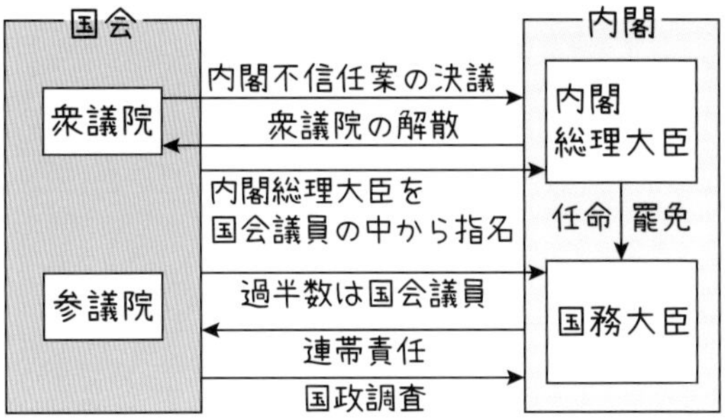

▼内閣不信任案可決後の流れ

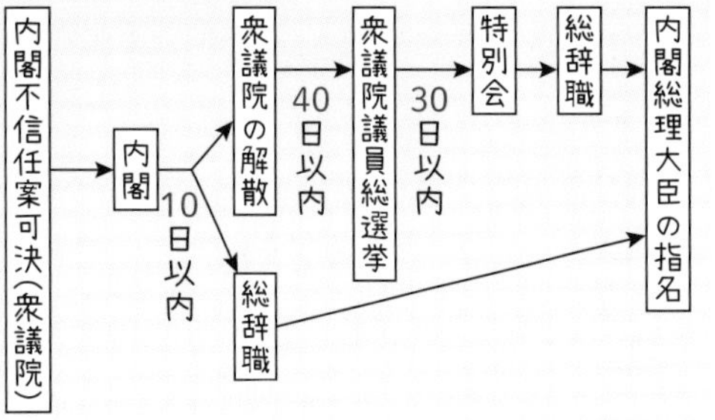

裁判所

- 司法権の独立…「すべて裁判官は，その**良心**に従い独立してその職権を行い，この**憲法**及《およ》び**法律**にのみ拘束《こうそく》される」(76条)
- **三審制**《さんしんせい》…裁判を慎重《しんちょう》に行うことで，誤りを防ぎ，国民の人権を守るためのしくみ。同一の事件で３回まで，段階の違う裁判所で裁判を受けることができる
- 民事裁判…生活の中で起こった争いについての裁判
  →**原告**（訴えた人）⇔**被告**《ひこく》（訴えられた人）
- 刑事《けいじ》裁判…犯罪行為についての裁判。検察官が被疑者《ひぎしゃ》（犯罪の疑いがある人）を起訴して始まる→**検察官**⇔**被告人**
- **裁判員制度**…重大な刑事事件に関する第一審《だいいっしん》（地方裁判所）について，３人の裁判官と６人の裁判員（国民の中からくじで選ばれる）で裁判を行う

▼三審制のしくみ

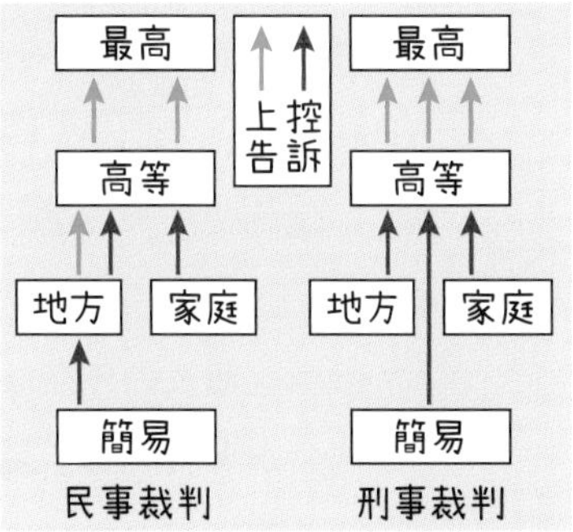

地方自治

- 二元代表制…首長，地方議会議員ともに住民が直接選挙で選ぶ
- 地方議会→その地域で適用する独自のきまりである**条例**を制定
- 国からの給付金→**地方交付税交付金**…使い道を指定されない（地方公共団体間の経済格差の是正《ぜせい》が目的）。**国庫支出金**…使い道を指定される
- 住民には**直接請求《せいきゅう》権**が認められている→請求に必要な署名数：議会の解散，解職は有権者の**３分の１以上**，他は有権者の**50分の１以上**→請求先：選挙によって選ばれた人をやめさせるときは選挙管理委員会

▼おもな都府県の財政収入

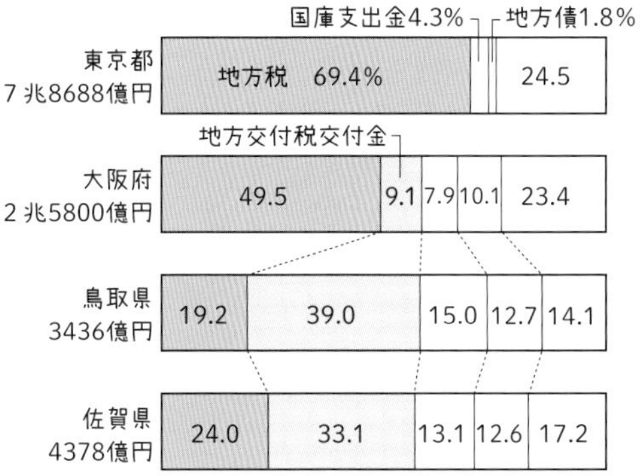

(「2021 データでみる県勢」)

第13回

第13回 ステップ2

公民2

現代の政治と社会

時間 30 分　目標 70 点　得点 　点

解答 別冊 p.26

1 右の図を見て，次の問いに答えなさい。　44点（各4点）

図Ⅰ ▼国会と内閣の関係

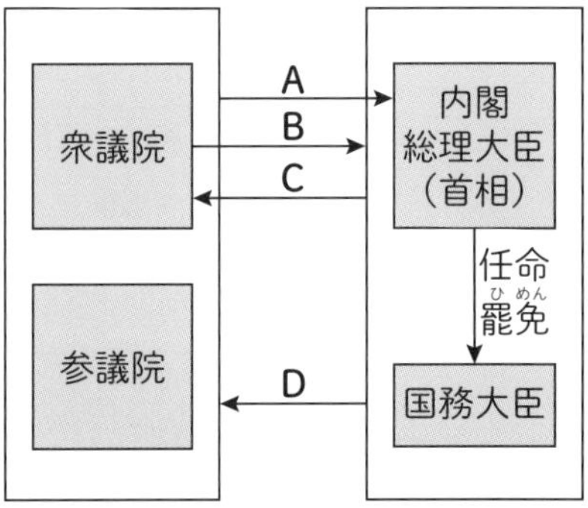

(1) 図Ⅰを見て，次の問いに答えなさい。

① 図のようなしくみを何といいますか。

（　　　　　　　　）

② 図中のA～Dにあてはまる語句を，次のア～エからそれぞれ選びなさい。

ア 連帯責任　　イ 内閣不信任案決議

ウ 解散　　エ 指名

A（　　　）　B（　　　）　C（　　　）　D（　　　）

③ 国務大臣を選ぶ際，文民であることのほかにどのような条件がありますか。簡潔に書きなさい。

（　　　　　　　　）

④ 衆議院議員の被《ひ》選挙権は満何歳《さい》以上ですか。

満（　　　　　　）歳以上

⑤ 参議院議員の任期は何年ですか。（　　　　　　）年

⑥ 国会が衆議院と参議院の2つの議院から構成されているしくみを何といいますか。　（　　　　　　）

図Ⅱ ▼新内閣の成立過程の例

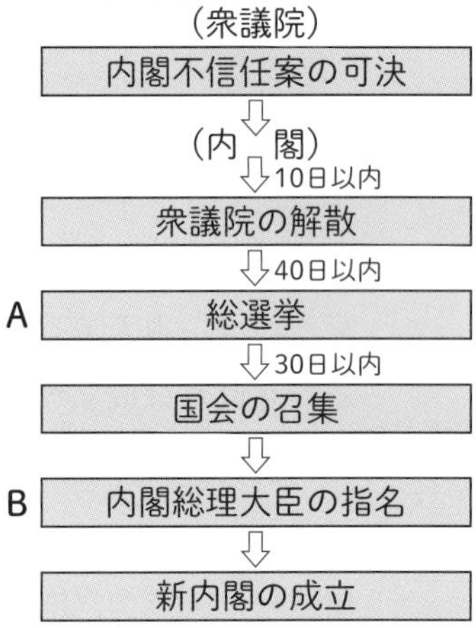

(2) 図Ⅱを見て，次の問いに答えなさい。

① Aの総選挙について，現在の衆議院議員選挙には，何という選挙制度が取り入れられていますか。（　　　　　　）

② Bにおいて，衆議院と参議院とで議決が異なったとき，どのような場合に衆議院の議決が国会の議決となりますか。「両院協議会」という語句を用いて，簡潔に書きなさい。

（　　　　　　　　）

2 地方自治について，次の問いに答えなさい。　16点（各4点）

(1) 地方公共団体の仕事を，次のア～カから3つ選びなさい。　（　　・　　・　　）

ア 国政の調査　　イ 上下水道の整備　　ウ ごみ収集や処理

エ 郵便事業　　オ 条約の締結《ていけつ》　　カ 小・中学校の建設

(2) 住民の直接請求《せいきゅう》の手続きとして正しいものを，次のア～エから選びなさい。　（　　）

ア 条例の制定・改廃《かいはい》の請求先は，地方議会である。

イ 監査《かんさ》請求には，有権者の過半数の署名が必要である。

ウ 首長の解職請求には，原則として有権者の3分の1以上の署名が必要である。

エ 地方議会の解散請求の請求先は，首長である。

3 右の資料を見て，次の問いに答えなさい。 24点（各4点）

(1) この資料は，民事裁判，刑事《けいじ》裁判のどちらの法廷《ほうてい》内のようすですか。 (　　　　　　　　)

(2) (1)で選んだ理由を，資料中の語句を用いて，簡潔に書きなさい。
(　　　　　　　　　　　　　　　　　　　　　　　　　　　)

(裁判所ホームページより作成)

(3) 資料中の裁判官は，日本国憲法で次のように職務上の独立が規定されています。a，bにあてはまる語句を書きなさい。

第76条　③　すべて裁判官は，その[a]に従ひ《い》独立してその職権を行ひ《い》，この憲法及《およ》び[b]にのみ拘束《こうそく》される。

a (　　　　　　　　)　b (　　　　　　　　)

(4) (1)の裁判では，2009年から裁判員制度が始まりました。裁判員制度について，「国民」という語句を用いて，簡潔に書きなさい。
(　　　　　　　　　　　　　　　　　　　　　　　　　　　　　　　)

(5) (1)の裁判では，公正で迅速《じんそく》な（　　　）裁判を受ける権利が被告人に保障されています。（　　　）にあてはまる語句を漢字2字で書きなさい。 (　　　　　)

4 次の問いに答えなさい。 16点（各4点）

(1) 地方公共団体について述べた**ア**～**エ**の文のうち，誤っているものを選びなさい。(　　　)

ア　一つの地方公共団体だけに適用される特別法は，その地方公共団体の議会において可決されれば成立する。

イ　市町村合併《がっぺい》やゴミ処分場の設置など地域の重要な課題について，地方公共団体が条例に基づく住民投票を実施《じっし》するときもある。

ウ　知る権利を求める動きの中で，住民からの請求《せいきゅう》により情報を開示する情報公開制度を整備する地方公共団体が増えてきている。

エ　地方分権一括《いっかつ》法が成立し，国の仕事の一部を地方公共団体の独自の仕事として国の関与《かんよ》を減らすなど，地方分権が進められている。

(2) 次の地方公共団体の予算について述べた文の**X**，**Y**にあてはまる語句をそれぞれ書きなさい。

X (　　　　　　　)　Y (　　　　　　　　　　)

●地方公共団体の予算は，地方公共団体の税金である（　**X**　）などの独自の財源だけでは不足しており，財政格差を解消するために国から配分される（　**Y**　）などで補われている。

(3) 首長について述べた**ア**～**ウ**の文のうち，正しいものを選びなさい。 (　　　)

ア　議会が首長の不信任案を可決した場合，首長は必ず辞職しなければならない。

イ　市町村長の解職請求に必要な署名数は，有権者の過半数である。

ウ　首長は，地方公共団体の長として，予算案や条例案を作成する。

ヒント　3 (2)図中の「被告人」「検察官」などは，民事裁判，刑事裁判のどちらに関係の深い言葉か判断する。
4 (2)国から地方に配分されるものは地方交付税交付金と国庫支出金である。

第14回 ステップ1

公民3

月　日

国民経済と政府の役割

家計と消費者保護

家計

●家計…個人や家族といった消費生活を営む単位。収入と支出で成り立つ

消費支出…財やサービスの購入《こうにゅう》に使うお金

（例）食料費，住宅費，交通・通信費など

非消費支出…自由にならないお金　（例）税金や社会保険料などの義務的支出

貯蓄…収入から消費支出と非消費支出を引いた残り　（例）預貯金，株式，生命保険など

▼収入の種類

給与収入	勤め先から受け取る賃金
事業収入	商店など，お店の経営で得る収入
財産収入	家賃や地代などから得る収入

消費者保護

●消費者基本法の制定と消費者庁の設置

●**クーリング・オフ制度**…訪問販売《はんばい》や電話勧誘などで購入後８日間以内なら無条件で解約できる。

●**製造物責任法（PL法）**…企業《きぎょう》が，製品の欠陥《けっかん》による被害《ひがい》に責任を負う

企業と生産のしくみ

企業

●公企業…利潤《りじゅん》を目的としない企業

●私企業…**利潤**を目的とする企業

●**株式会社**…株式を発行して資金を集め，活動する

株主…株主総会に出席し，出資額に応じて配当を受け取る。会社が倒産《とうさん》しても出資額以上の負担をする必要はない（有限責任）

株主総会…経営方針の決定や取締役《とりしまりやく》の選出を行う。株主は持株数に応じた投票権をもつ

▼株式会社のしくみ

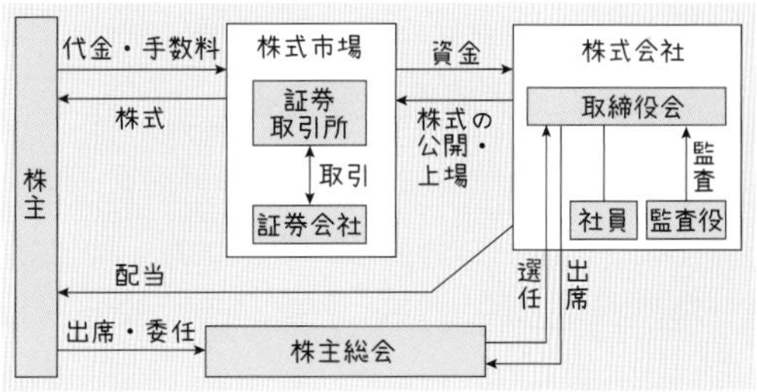

需要と供給

●需要量…買いたい量，供給量…売りたい量，均衡《きんこう》価格…需要と供給が一致《いっち》した価格

[グラフの読み取り方]…曲線が左右に動く

●**需要が増加すると価格が上がる→**需要曲線が右へ移動

（例）休日の旅行代金，新製品の発売，所得の向上など

●**需要が減少すると価格が下がる→**需要曲線が左へ移動

（例）流行の終わり，所得の減少，増税など

●**供給が増加すると価格が下がる→**供給曲線が右へ移動

（例）農作物の豊作，原材料費の値下げなど

●**供給が減少すると価格が上がる→**供給曲線が左へ移動

（例）農作物の不作，原材料費の値上げなど

▼需要量・供給量・価格の関係

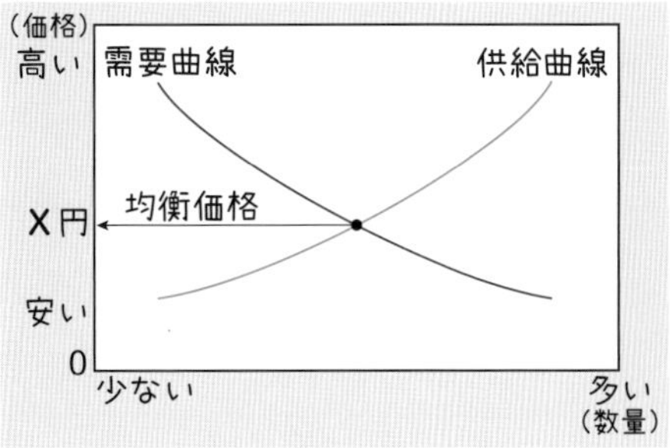

独占価格と公共料金

- **独占（寡占《かせん》）価格**…１つ（少数）の企業が市場を独占して設定する価格。企業が高く設定→消費者を守り自由な競争を促《うなが》すため，**公正取引委員会**が**独占禁止法**に基づいて監視や指導を行う
- **公共料金**…生活に密着した財やサービスの価格は，国や地方公共団体が決定や認可をする
→公共料金を国や地方公共団体が決定する理由…国民生活への影響《えいきょう》が大きいため

財政と金融

▼間接金融と直接金融のしくみ

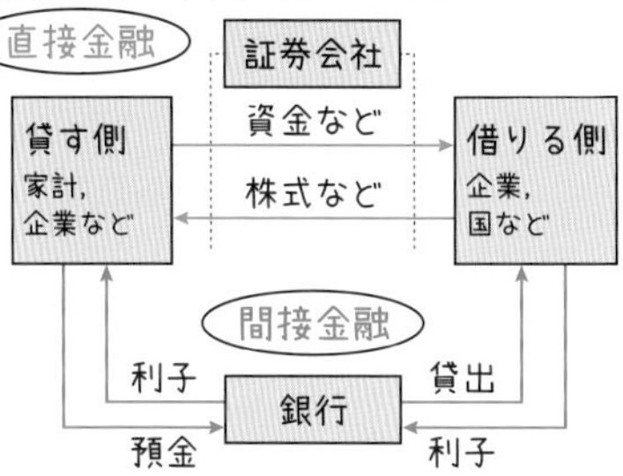

直接金融と間接金融

- 銀行を介《かい》してお金を借りるのが**間接金融**で，銀行を介さずお金を借りるのが**直接金融**

日本銀行の役割

- 発券銀行（日本銀行券の発行），政府の銀行，銀行の銀行

好景気と不景気

- **好景気**…通貨量増加→通貨価値下落
→物価上昇《じょうしょう》（インフレーション）
不景気…通貨量減少→通貨価値上昇
→物価下落（デフレーション）
- 景気調整…通貨量を調整する

▼日本銀行による金融政策と政府による財政政策

景気	通貨量	対策	金融政策		財政政策	
			金利	国債	税	公共事業
好景気	増加	通貨量を減らす	上げる	売る	増税	縮小
不景気	減少	通貨量を増やす	下げる	買う	減税	拡大

財政

☆歳出《さいしゅつ》の三大経費を覚える

▼国の一般会計予算歳出

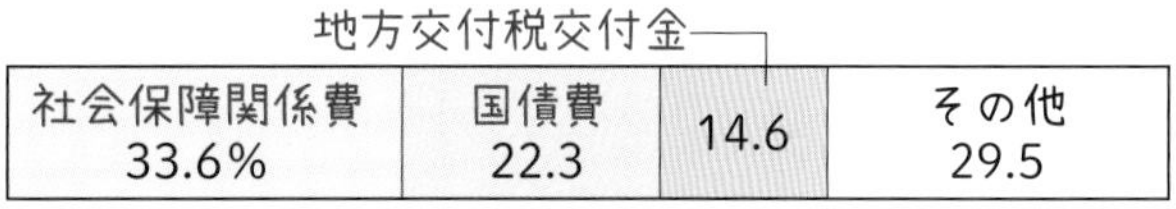

（2021年）　（「2021/22 日本国勢図会」）

税金の種類

直接税→所得税，相続税，法人税など
間接税→消費税など
※**累進《るいしん》課税制度**…所得が多くなるほど，税率が高くなる制度。所得税，相続税，贈与《ぞうよ》税が対象
※消費税の逆進性…所得が低い人ほど，所得に占《し》める税金の割合が高くなる

社会保障

- 生存権（憲法25条）の考え方に基づく…「健康で文化的な最低限度の生活」
- 社会保障関係費は年々増加している

[社会保障の４つの柱]

- **社会保険**…加入者が保険料を納める→必要なときに給付を受ける（例）医療《いりょう》，年金，介護《かいご》など
- **公的扶助《ふじょ》**…生活費などの援助《えんじょ》
- **社会福祉《ふくし》**…社会的に弱い立場になりやすい人々への支援
- **公衆衛生**…健康の増進，感染症対策など

※少子高齢《こうれい》化と将来の社会保障費
少子化による人口減少→税収・保険料収入の減少→税金・保険料の増額，
高齢化による医療費や社会保障費の増大→給付金の減少が予想される

国民経済と政府の役割

時間 30分 目標 70点 得点 点

解答 別冊 p.28

1 右の資料を見て，次の問いに答えなさい。 48点（各4点）

(1) **資料Ⅰ**を見て，次の問いに答えなさい。

① 2020年の費目のうち，1970年と比べてその割合が最も増えたものはどれですか。

（　　　　　）

② ①の費目の割合が増えたと考えられる理由を，簡潔に書きなさい。

（　　　　　　　　　　　　　　）

③ 家計の収入のうち，会社や役所などで働いて得る収入を何といいますか。次の**ア**～**ウ**から選びなさい。 （　　）

ア 事業収入　**イ** 財産収入　**ウ** 給与《きゅうよ》収入

(2) **資料Ⅱ**は，百貨店，大型スーパーマーケット，コンビニエンスストアの販売《はんばい》額の推移を示したものです。これを見て，次の問いに答えなさい。

① 資料中の**a**～**c**のうち，コンビニエンスストアの販売額の推移を示しているものを選びなさい。（　　）

② 百貨店などは，流通のしくみのなかで，何とよばれていますか。 （　　　　）

(3) **資料Ⅲ**は，株式会社のしくみを示しています。これを見て，次の問いに答えなさい。

① 株式会社は，何を最大の目的としていますか。簡潔に書きなさい。（　　　　　　）

② 株式を買った人を何といいますか。（　　　　）

(4) **資料Ⅳ**を見て，次の問いに答えなさい。

① **ア**～**エ**のうち，国債費《こくさいひ》を示しているものを選びなさい。 （　　）

② 租税（税金）のうち，累進課税《るいしんかぜい》がとられている国税を2つ書きなさい。

（　　　　）・（　　　　）

③ 不景気のとき，政府がとる財政政策は何ですか。2つ書きなさい。

（　　　　　　）・（　　　　　　）

資料Ⅰ ▼1世帯あたり1か月間の消費支出の内訳（二人以上世帯）

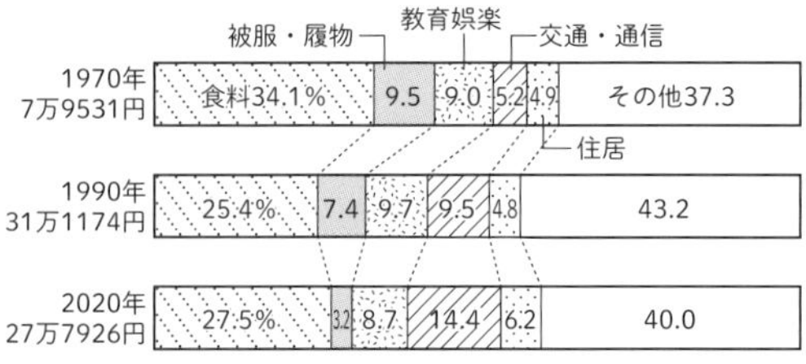

（「2021/22 日本国勢図会」）

資料Ⅱ

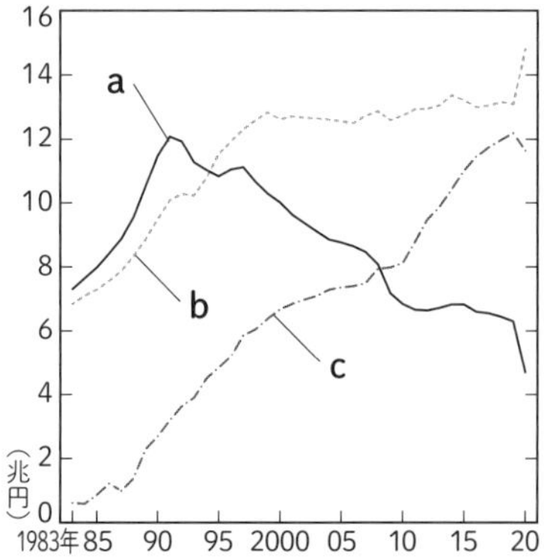

（「2021/22 日本国勢図会」）

資料Ⅲ

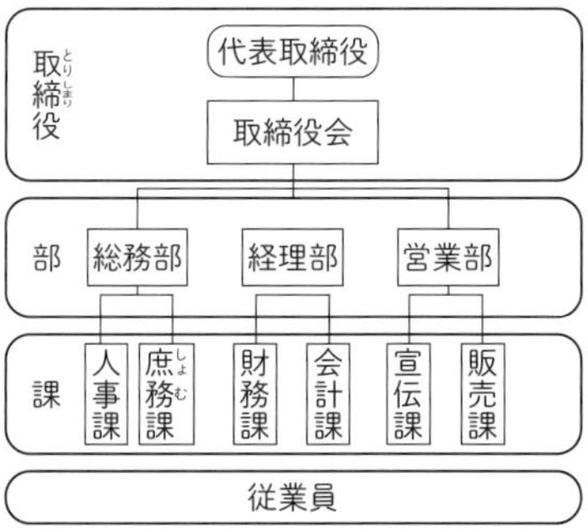

資料Ⅳ ▼国の歳出

（2021年）（「2021/22 日本国勢図会」）

2 右の資料を見て，次の問いに答えなさい。 32点（各４点）

(1) 資料Ⅰは，なすの入荷《にゅうか》量と平均価格の変化を示したものです。次の文章のa～dにあてはまる語句を，あとのア～エから選びなさい。同じ記号を選んでもかまいません。

資料の５月から６月にかけては，なすの（ a ）量が増えているため，平均価格が（ b ）います。また，９月から12月にかけて平均価格が（ c ）いるのは，なすの（ d ）量が減ったためと考えられます。

ア 上がって　**イ** 下がって　**ウ** 供給　**エ** 需要《じゅよう》

a（　　）　b（　　）　c（　　）　d（　　）

資料Ⅰ

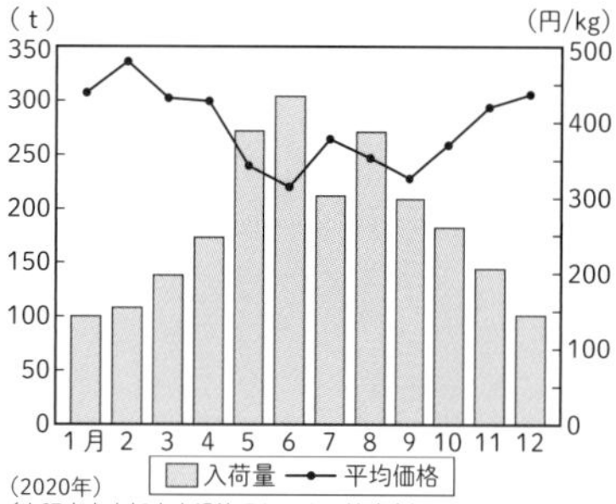

（大阪府中央卸売市場管理センター株式会社ホームページより）

(2) 資料Ⅱ中のA，Bにあてはまるようすとして正しいものを，次のア～エから２つずつ選びなさい。

ア 失業者が増える。　**イ** 賃金が上昇《じょうしょう》する。

ウ 物価が上昇する。　**エ** 生産が縮小する。

A（　　）・（　　）　B（　　）・（　　）

資料Ⅱ ▼景気の変動のようす

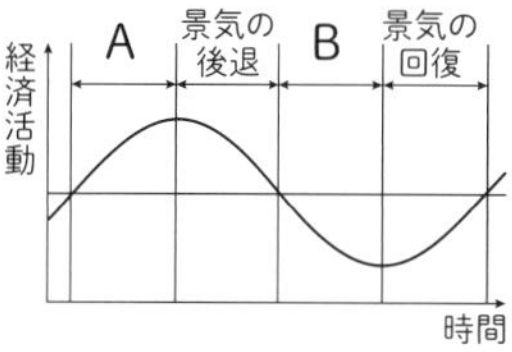

3 次の文章を読んで，あとの問いに答えなさい。 20点（各４点）

日本円で100万円の自動車をアメリカで販売する場合，１ドルが100円のとき，アメリカでの販売価格は（ a ）ドルである。一方，１ドルが125円のときは（ b ）ドルとなる。日本での価格は変化しないが，１ドルが（ c ）円の方が，2000ドル自動車を高く売ることができる。しかし，アメリカの消費者からみると，2000ドル高く支払《しはら》わないと自動車を購《こう》入《にゅう》することはできない。これらのことから（ d ）は日本からの輸出に不利といえる。

(1) 文章中のa～cにあてはまる数字を，次のア～オからそれぞれ選びなさい。

a（　　）　b（　　）　c（　　）

ア 100　**イ** 125　**ウ** 8000　**エ** 10000　**オ** 12500

(2) 文章中のdにあてはまる語句を漢字２字で答えなさい。（　　）

(3) 日本の労働に関する文として正しいものを，次のア～エから選びなさい。（　　）

ア 労働関係調整法は，労働時間や休日などの労働条件について最低限の基準を決めている。

イ 一人あたりの労働時間を少なくすることでより多くの就業者を生み出すしくみのことをワーク・ライフ・バランスという。

ウ 育児・介護《かいご》休業法により，男女問わず，育児や介護のために一定期間会社を休むことができる。

エ 企業《きぎょう》が事業再編のために，工場の閉鎖《へいさ》や人員整理を行うことをセーフティネットという。

ヒント

1 (4)③不景気に対する政策は，公共事業と税金の面から考える。

2 (1)入荷量が多いと価格は下がっていることに着目。

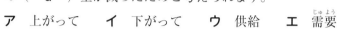

第15回 ステップ1

公民4

月　日

地球環境と国際社会

国際社会のしくみ

国の要素

- 主権…外国からの支配や干渉《かんしょう》を受けず，政治などを行う権利
- 国民…国家に属する人々
- 領域…主権の及《およ》ぶ範囲《はんい》で，領土，領海，領空で構成
- **排他的《はいたてき》経済水域（EEZ）**…領海を除く領土沿岸から200海里
- 公海…どの国の船でも自由に航行し，漁業ができる「公海自由の原則」

▼領域

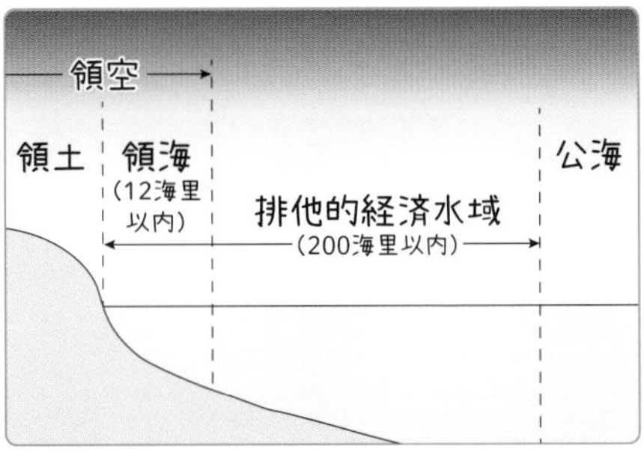

国際連合

- 成立…第二次世界大戦後（1945年10月）
- 本部…アメリカのニューヨーク
- 採決方法…過半数（重要な議題は３分の２以上）
- 制裁手段…武力制裁が可能
- 常任理事国…**アメリカ，イギリス，フランス，ロシア，中国→拒否権《きょひ》**を保持
- おもな非加盟国…バチカン市国

※日本は日ソ共同宣言（1956年）の調印後に加盟

国際連合のしくみ

- 総会…毎年９月に開催《かいさい》（全加盟国参加）。１国１票。
  〈総会によって設立されたおもな機関〉
  - 国連児童基金（UNICEF）
  - 国連難民高等弁務官事務所（UNHCR）
- **安全保障理事会**…常任理事国（５か国）と非常任理事国（10か国）で構成。採決には15か国中９か国以上の賛成が必要。ただし５常任理事国が１か国でも反対すると決定できない。

▼国際連合のしくみ

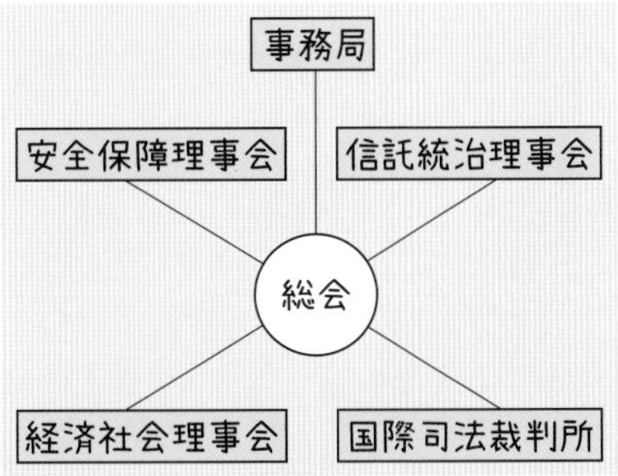

- 経済社会理事会…多くの専門機関と協力して，経済・文化などに関する国際協力をすすめる
  〈おもな専門機関〉
  - 国連教育科学文化機関（UNESCO）
  - 世界保健機関（WHO）
- 国際司法裁判所…加盟国からの依頼《いらい》により，国際的な法律的紛争《ふんそう》を裁判する
  - 裁判を行うには当事国の合意が必要となる
  - 裁判官は15名，裁判所はオランダのハーグにある
- 事務局…国連の運営についての事務を処理する

● 国連分担金　☆上位３か国を覚える

→国連の収入にあたる分担金は，国連加盟国の支《し》払《はら》い能力に応じた負担が原則である

▼国連分担金の割合

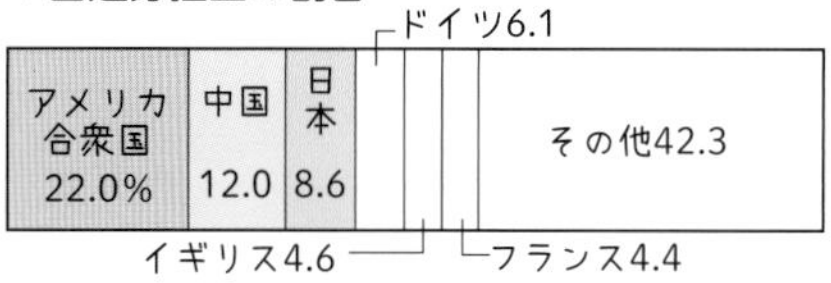

（2021年）　（外務省資料より）

地域主義

● FTA（自由貿易協定）…特定の国・地域との間で，関税などを撤廃《てっぱい》することを目的とした協定

● EPA（経済連携《れんけい》協定）…FTAより広い分野の経済関係の強化を目的とした協定

ODAとNGO

● **政府開発援助《えんじょ》（ODA）**…お金だけでなく，人材育成や技術協力などの支援を行う。日本はアジアへの援助が多い

● 非政府組織（NGO）…民間人や民間団体によるボランティア組織。国家利益をこえたさまざまな分野で活躍《かつやく》している

※非営利団体（NPO）はおもに地域社会で福祉《ふくし》活動や環境《かんきょう》保護活動などを行う国内のボランティア組織という意味で使用されることが多い。

経済問題

● 貧困問題…アフリカなどは，人口爆発《ばくはつ》による急激な人口増加に経済の発展が追いついていない

→SDGs（持続可能な開発目標）で貧困や飢餓《きが》をなくす取り組みがすすめられている

● 南北問題…発展途上《とじょう》国と先進工業国との経済格差の問題

● 南南問題…発展途上国間の経済格差の問題

→国連貿易開発会議（UNCTAD），ODA，NGO，青年海外協力隊などによる支援

● 難民…貧困や紛争などが原因。国連に国連難民高等弁務官事務所（UNHCR）を設置

環境問題への取り組み

● 国連環境開発会議（地球サミット）…ブラジル（リオデジャネイロ）で開催

● 地球温暖化防止京都《きょうと》会議…京都議定書（先進国に対して温室効果ガス削減《さくげん》目標を設定）の採択《さいたく》

→アメリカの離脱《りだつ》や中国やインドなど発展途上国に削減義務がないことが課題

● **パリ協定**…発展途上国を含《ふく》めた温室効果ガス削減目標を設定

第15回 ステップ2

公民4

地球環境と国際社会

時間 30 分　目標 70 点

得点　　点

解答 別冊 p.30

1 右の年表を見て，次の問いに答えなさい。　68点（各4点）

年	できごと
1945	国際連合が成立する…………………A
	東西両陣営の対立が激しくなる…B
1948	a第一次中東戦争が起こる
1949	NATOが結成される……………C
	（　　　D　　　）
1950	b朝鮮戦争が始まる
1962	cキューバ危機が起こる
1965	dベトナム戦争が本格化する
1968	（ Ⅰ ）条約採択
1972	国連人間環境会議が開かれる
1992	地球サミットが開かれる…………E
1997	（ Ⅱ ）議定書採択→先進国に対して温室効果ガス削減目標を設定
2001	（　　　F　　　）
2003	（　　　G　　　）
2015	（ Ⅲ ）協定採択→発展途上国を含め温室効果ガス削減目標を設定

(1) 年表中のAについて，次の問いに答えなさい。

① 国際連合（国連）の本部が置かれている都市はどこですか。（　　　　）

② 全加盟国の代表で構成される国連の機関を，下の図から選んで書きなさい。（　　　　）

③ 安全保障理事会の5常任理事国には，常任理事国の1か国でも反対すれば決定できない権限があたえられています。この権限を何といいますか。（　　　　）

④ 次の機関，専門機関の略称《りゃくしょう》を，あとの**ア**～**キ**からそれぞれ選びなさい。

ⓐ国連児童基金（　　）

ⓑ世界保健機関（　　）

ⓒ国際労働機関（　　）

ア ILO　**イ** FAO　**ウ** IMF　**エ** ユネスコ

オ WHO　**カ** ユニセフ　**キ** IAEA

(2) Bのような戦火を交えない東西両陣営の厳しい対立を何といいますか。（　　　　）

(3) Cの正式名称を書きなさい。（　　　　）

(4) D，F，Gの（　）にあてはまるできごとを，次の**ア**～**オ**からそれぞれ選びなさい。

ア アメリカで同時多発テロが起こる

イ 湾岸《わんがん》戦争が起こる

ウ イラク戦争が起こる

エ イラン・イラク戦争が起こる

オ 中華人民共和国《ちゅうかじんみんきょうわこく》が成立する

D（　　）　F（　　）　G（　　）

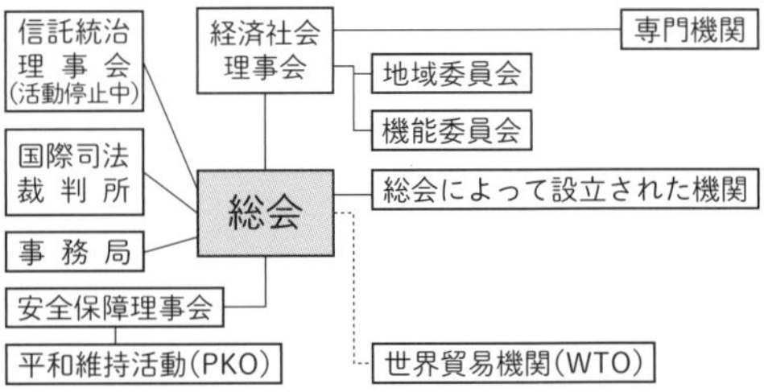

(5) Eは地球環境問題への取り組みの一環として開催《かいさい》されました。次の文にあてはまる地球環境問題をそれぞれ書きなさい。①（　　　　）②（　　　　）

① 窒素《ちっそ》酸化物などが雨にとけて起こる。　② フロンガスの放出が原因で起こる。

(6) Ⅰにあてはまる核《かく》軍縮に関する条約名，Ⅱ，Ⅲにあてはまる都市名を書きなさい。

Ⅰ（　　　　）　Ⅱ（　　　　）　Ⅲ（　　　　）

(7) 下線部a～dのうち，アジアで起こったできごとではないものを選びなさい。（　　）

2　右の資料を見て，次の問いに答えなさい。　20点（各4点）

(1)　**資料Ⅰ**は，地域別の国際連合（国連）の加盟国数の推移を示したもので，**ア～エ**は，南北アメリカ，アフリカ，ヨーロッパ（旧ソ連を含む），オセアニアのいずれかを示しています。このうち，①アフリカと②ヨーロッパを示しているものを，**ア～エ**からそれぞれ選びなさい。　①(　　　)　②(　　　)

資料Ⅰ　国際連合加盟国数の推移

	ア	イ	ウ	エ	アジア	合計
1945年	22	14	4	2	9	51
1970年	26	27	42	3	29	127
1985年	35	29	51	7	37	159
2011年	35	51	54	14	39	193

（国連広報センター資料）

(2)　**資料Ⅱ**は，1989年に起きたできごとのようすを示したものです。このできごとについて，次の問いに答えなさい。

資料Ⅱ

①　このできごとは，□の壁《かべ》崩《ほう》壊《かい》のようすです。□にあてはまる都市名を書きなさい。　(　　　)

②　①のできごとの1か月後，2つの国が首脳会談を行い，東西両陣営の対立の終結を宣言しました。2つの国の国名を書きなさい。

(　　　)・(　　　)

3　次の問いに答えなさい。　12点（各3点）

(1)　公害・環境に関する文として最も適当なものを，次の**ア～エ**から選びなさい。　(　　　)

ア　水俣《みなまた》病の原因物質は，水質に含まれるカドミウムだった。

イ　四大公害裁判すべてにおいて，患者《かんじゃ》側の全面勝訴が認められた。

ウ　1960年代に，政府や企業《きぎょう》に公害防止の努力を促す環境基本法が制定された。

エ　国連環境開発会議において，野生動植物の保護を目的とするワシントン条約が採択された。

(2)　右のグラフは世界の二酸化炭素排出量（2018年）を示したものです。**A～D**にあてはまるものの組み合わせとして正しいものを，次の**ア～エ**から選びなさい。　(　　　)

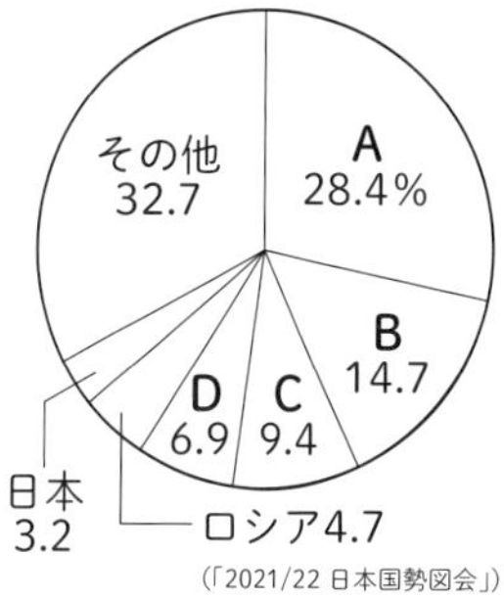

ア　**A**　中国　**B**　アメリカ　**C**　EU　**D**　インド
イ　**A**　中国　**B**　EU　**C**　インド　**D**　アメリカ
ウ　**A**　アメリカ　**B**　中国　**C**　EU　**D**　インド
エ　**A**　アメリカ　**B**　EU　**C**　中国　**D**　インド

UP (3)　次のグラフは，主要国のODAの金額割合上位5か国を示したものです。グラフ中の**A**，**B**に共通してあてはまる国名を，それぞれ書きなさい。　**A**(　　　)　**B**(　　　)

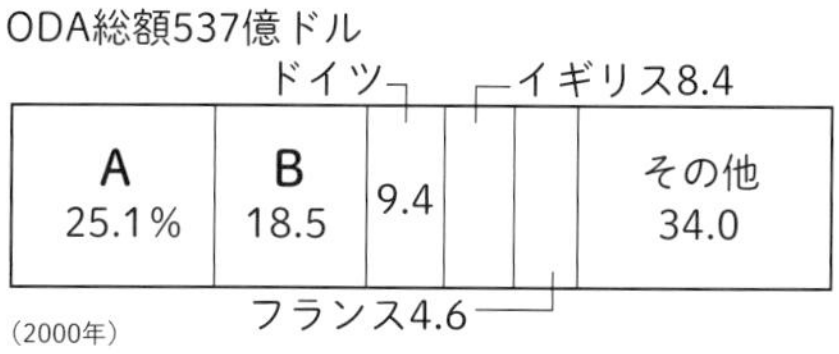

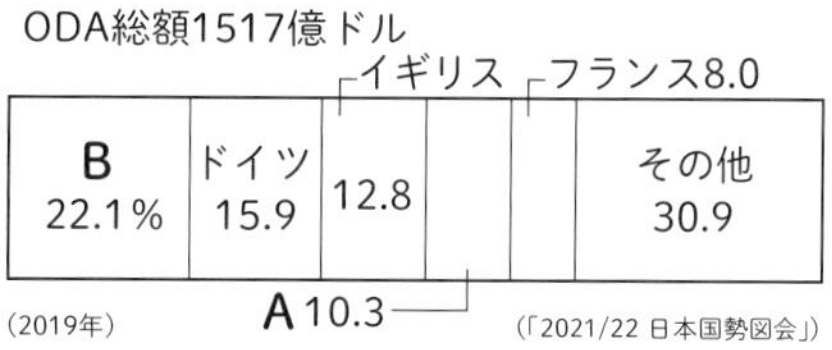

ヒント　3 (3)主要国でグラフに示されていない国はどこかを考える。

入試によくでる間違いやすい用語

地理

□① **沖《おき》ノ鳥島《とりしま》** ………… 南端《なんたん》の島。排他的経済水域《はいたてきけいざいすいいき》を守るために護岸工事が行われた。
南鳥島《みなみとりしま》 …………… 東端《とうたん》の島。沖ノ鳥島と同様に東京都《とうきょうと》に属している。

□② **領海** ………………… 各国の主権がおよぶ，海岸線から **12 海里**以内の水域。
排他的経済水域 … 沿岸国に資源利用が認められた，海岸線から **200 海里**以内の水域。

□③ **扇状地《せんじょうち》** …………… **川が山地から平地に出るところ**に土砂《どしゃ》が扇形《おうぎがた》に堆積《たいせき》してできた土地。
三角州《さんかくす》 …………… **河口付近**に川が運んできた土砂が堆積してできた平地。

□④ **偏西風《へんせいふう》** …………… 中緯度《いど》地方を，年間を通して西から東に吹《ふ》く風。
季節風 …………… 夏は海洋から大陸に，冬は大陸から海洋に向かって吹く風。

□⑤ **養殖漁業《ようしょく》** ………… 稚魚《ちぎょ》や稚貝などをいけすで大きく成長させてから出荷《しゅっか》する漁業。
栽培漁業《さいばい》 ………… 人工ふ化させた稚魚や稚貝などを放流し，成長したものをとる漁業。

歴史

□① **壬申《じんしん》の乱** ………… 天智《てんじ》天皇のあとつぎ争い。天武《てんむ》天皇が勝利した。(**飛鳥《あすか》時代**)
承久《じょうきゅう》の乱 ………… 後鳥羽《ごとば》上皇が鎌倉《かまくら》幕府を倒《たお》そうとした争い。(**鎌倉時代**)

□② **高句麗《こうくり》** …………… **弥生《やよい》～飛鳥時代**の朝鮮《ちょうせん》の王朝で，唐《とう》・新羅《しらぎ》に滅《ほろ》ぼされた。
高麗《こうらい》 ……………… **平安《へいあん》～鎌倉時代**の朝鮮の王朝で，元《げん》に服属した。

□③ **執権《しっけん》** ……………… **鎌倉幕府**において将軍を補佐した役職。北条氏《ほうじょうし》が世襲《せしゅう》。
管領《かんれい》 ……………… **室町幕府**において将軍を補佐した役職。斯波《しば》・畠山《はたけやま》・細川《ほそかわ》氏が独占《どくせん》。

□④ **問屋《といや》制家内工業** … 問屋が農民に織機《しょっき》や原料を貸し，布を織らせ，**製品を買い取る**。
工場制手工業 …… 商人らが**工場を建て**農民を労働者として雇《やと》い，大量生産を行う。

□⑤ **三・一独立運動** … 第一次世界大戦後に**朝鮮**で起こった日本からの独立を求める運動。
五・四運動 ……… 第一次世界大戦後に**中国《ちゅうごく》**で起こった反日・反帝国《ていこく》主義の運動。

公民

□① **特別会(特別国会)** …… 衆議院総選挙後に開かれ，**内閣総理大臣の指名**などが行われる。
臨時会(臨時国会) …… **内閣**の決定か，いずれかの議院の総議員の 4 分の 1 以上の議員の要求で開かれる。

□② **控訴《こうそ》** ……………… **第一審《だいいっしん》判決**に不服がある場合，第二審を求める。
上告 ……………… **第二審判決**に不服がある場合，第三審を求める。

□③ **政令** ……………… 憲法や法律の規定を実施《じっし》するため，内閣が定めるきまり。
条例 ……………… **地方公共団体**が法律の範囲内で地域の目的のために定めるきまり。

□④ **直接金融《きんゆう》** ………… 借り手が**株式**などを発行して，資金を調達する。
間接金融 ………… 借り手が**銀行**などを通して，資金を調達する。

□⑤ **金融政策** ………… **日本銀行**が景気を調整するために行う政策。通貨量の操作など。
財政政策 ………… **政府**が景気を調整するために行う政策。減税・増税など。

高校入試実戦テスト

実際の高校入試問題にチャレンジ！

入試本番にのぞむつもりで，時間をはかってやってみよう！

第1回 高校入試実戦テスト

時間 50分　目標 70点　得点　　点

解答 別冊 p.32

1 地図や資料を見て，次の問いに答えなさい。

24点（各4点）〔2021年度・青森県改題〕

(1) **略地図**中のXの大陸名を答えなさい。

(2) **略地図**中の⬭の位置を表している緯度《いど》と経度の組み合わせとして適切なものを，次の**ア**～**エ**から選びなさい。

ア　北緯と西経

イ　北緯と東経

ウ　南緯と西経　　**エ**　南緯と東経

略地図

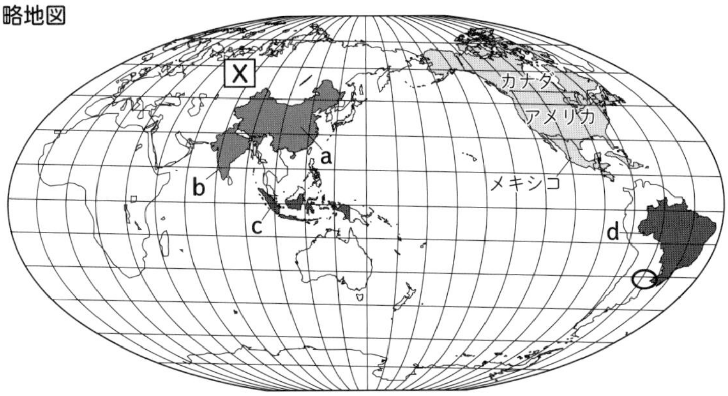

(3) **資料1**は**略地図**中のa～dの国の輸出額上位3品目を示している。aの国について表しているものを，**資料1**の**ア**～**エ**から選びなさい。

資料1

	第1位	第2位	第3位
ア	大豆	機械類	肉類
イ	石油製品	機械類	ダイヤモンド
ウ	石炭	パーム油	機械類
エ	機械類	衣類	繊維品《せんいひん》

（「2017/18 世界国勢図会」）

(4) **略地図**中のカナダ，アメリカ，メキシコの太平洋側の一部を含《ふく》む造山帯を何というか，答えなさい。

(5) アメリカで暮らす移民について述べた次の文中の(　　　)にあてはまる語を答えなさい。

> メキシコ，中央アメリカ，西インド諸島の国々などからやってきた(　　　)語を話す移民はヒスパニックとよばれ，農場，建設工事現場など，重労働の職場で低い賃金で働く人が少なくない。

資料2

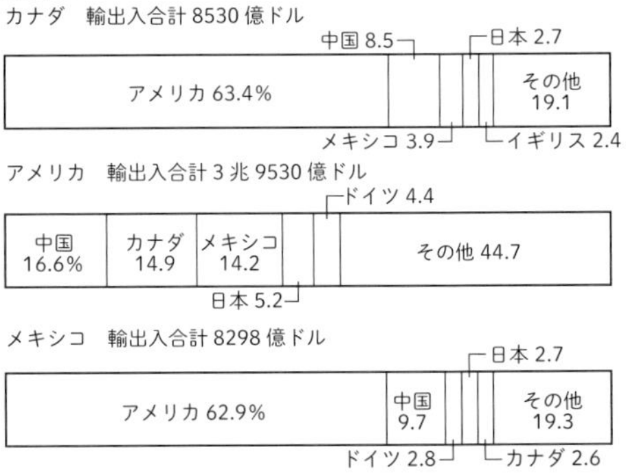

（「国際連合貿易統計年鑑 2017年版」）

(6) **資料2**はカナダ，アメリカ，メキシコの貿易相手国を表している。この3か国の関係について，**資料2**を参考にして，「カナダ，アメリカ，メキシコの3か国は，」に続けて，「貿易協定」，「経済」の2語を用いて書きなさい。

(1)		(2)		(3)	
(4)		(5)			
(6)					

2 次のⅠ～Ⅲの写真は，歴史的な遺構を示したものである。あとの問いに答えなさい。

15点（各５点）〔愛知県改題〕

Ⅰ　多賀城跡

Ⅱ　一乗谷朝倉氏遺跡

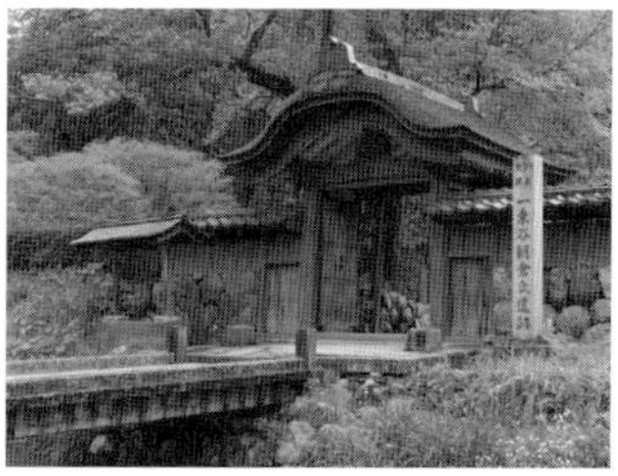

Ⅲ　五稜郭

(1)　次の文章は，生徒がⅠについて調べる際に作成したメモである。文中の①～③にあてはまる言葉の組み合わせとして最も適当なものを，あとの**ア**～**ク**から選びなさい。

> 朝廷《ちょうてい》は，東北地方に住む人々を（　①　）とよび，東北地方を支配する拠点《きょてん》として多賀《たが》城《じょう》などを築いた。９世紀初めに，（　②　）天皇は（　③　）を征夷大将軍《せいいたいしょうぐん》に任命して東北地方に大軍を送り，朝廷の支配を広げた。

ア　①　蝦夷《えみし》　②　桓武《かんむ》　③　源義家《みなもとのよしいえ》　　**イ**　①　蝦夷　②　桓武　③　坂上田村麻呂《さかのうえのたむらまろ》
ウ　①　蝦夷　②　聖武《しょうむ》　③　源義家　　**エ**　①　蝦夷　②　聖武　③　坂上田村麻呂
オ　①　南蛮人《なんばんじん》　②　桓武　③　源義家　　**カ**　①　南蛮人　②　桓武　③　坂上田村麻呂
キ　①　南蛮人　②　聖武　③　源義家　　**ク**　①　南蛮人　②　聖武　③　坂上田村麻呂

(2)　Ⅱの写真は，一乗谷《いちじょうだに》の城下町の一部を復元(復原)したものである。この町が織田信長《おだのぶなが》によって焼き払われた後の世界のできごとについて述べた文として適当なものを，次の**ア**～**エ**から全て選びなさい。

ア　イギリスで名誉《めいよ》革命が起こり，「権利の章典(権利章典)」が定められた。
イ　朝鮮《ちょうせん》半島で李成桂《りせいけい》が高麗《こうらい》を滅《ほろ》ぼして，朝鮮という国を建てた。
ウ　コロンブスが，アメリカ大陸付近のカリブ海にある西インド諸島に到達《とうたつ》した。
エ　インド人兵士の反乱をきっかけとしたインド大反乱が，イギリスによって鎮圧《ちんあつ》された。

(3)　次の文章は，Ⅲの写真について生徒が説明したものである。文章中の④にあてはまる言葉として最も適当なものを，あとの**ア**～**オ**から選びなさい。なお，文章中の２か所の④には同じ言葉があてはまる。

> 五稜郭《ごりょうかく》は，（　④　）が開港した後，外国からの防衛などの目的で築かれた西洋式の城《じょう》郭《かく》で，現在の（　④　）市にある。約１年半に及ぶ旧幕府軍と新政府軍の戦いである戊辰《ぼしん》戦争の最後の戦いで，旧幕府軍はこの五稜郭に立てこもって戦った。

ア　神戸《こうべ》　　**イ**　下田《しもだ》　　**ウ**　長崎《ながさき》　　**エ**　函館《はこだて》　　**オ**　横浜《よこはま》

(1)		(2)		(3)	

3 次の問いに答えなさい。

21点（各3点）〔大阪府改題〕

(1) 18世紀に起こったできごとについて述べた文として正しいものを，次の**ア**～**エ**から選びなさい。

ア 国王に対して国民の権利や議会の権限を認めさせる権利の章典がイギリスで発布された。

イ 国民の言論，集会，信教(信仰《しんこう》)の自由を法律の範囲《はんい》内で保障することを記した大日本帝《てい》国《こく》憲法が発布された。

ウ すべての人は平等につくられ，生命・自由及《およ》び幸福追求の権利が与《あた》えられているとするアメリカ独立宣言が発表された。

エ すべての人に人たるに値する生存(生活)を保障することをはじめて憲法で保障したワイマール憲法がドイツで制定された。

(2) 次の文は，国会の地位について記されている日本国憲法の条文である。文中の(　　　)にあてはまる語を書きなさい。

「国会は，(　　　)の最高機関であって，国の唯一《ゆいいつ》の立法機関である。」

(3) 衆議院の優越《ゆうえつ》が認められているものとして正しいものを，次の**ア**～**エ**からすべて選びなさい。

ア 内閣総理大臣の指名　**イ** 国政調査権の行使　**ウ** 憲法改正の発議　**エ** 法律案の議決

(4) 内閣において行うことができるものを，次の**ア**～**エ**から選びなさい。

ア 違憲立法審査《しんさ》権の行使　**イ** 最高裁判所長官の指名

ウ 弾劾《だんがい》裁判所の設置　**エ** 条約の承認

(5) 議院内閣制について述べた次の文中のaに入れるのに適している内容を，「連帯」の語を用いて簡潔に書きなさい。また，文中のbに当てはまる語を**漢字3字**で書きなさい。

> 今日のわが国の採用している議院内閣制とは，内閣は国会の信任にもとづいて成立し，行政権の行使について(　a　)というしくみである。議院内閣制は，わが国の他にイギリスなどが採用している。議院内閣制と異なる政治のしくみとして，アメリカ合衆国が採用している(　b　)制などがある。

(6) 地方公共団体の政治における首長や議会の権限について述べた文中の(　　　)に入れるのに適している内容を簡潔に書きなさい。

> 地方自治法には，首長と議会が互《たが》いに抑制《よくせい》し合い，均衡《きんこう》を保つための権限が定められている。例えば，首長は，議会を解散することや，議会の議決に対して(　　　)ことができ，議会は，首長に対して不信任を決議することや予算などの議決を行うことができる。

(1)		(2)		(3)		(4)	
(5)	a				b		
(6)							

4 次の問いに答えなさい。

40点（各4点，(7)完答）〔北海道改題〕

(1) **表1**は，右の**略地図**の①～⑤のうち，２つの県について，簡単にまとめたものである。A，Bにあてはまる県名をそれぞれ書きなさい。また，A，Bの県を①～⑤からそれぞれ選びなさい。

略地図

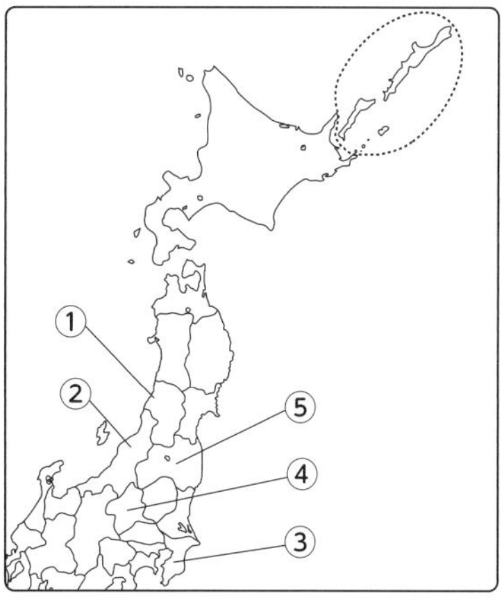

表1

A	B
戦国時代，上杉謙信《うえすぎけんしん》の領国であったこの県には，越後《えちご》平野が広がっており，現在，日本有数の米の生産地となっている。	明治時代，富岡《とみおか》製糸場が建てられたこの県には，現在，北関東工業地域が広がっている。

(2) **略地図**中の（点線の楕円）で囲まれた島々は日本固有の領土であり，北方領土とよばれています。**表2**のa～cにあてはまる島(群島)を，次の**ア**～**ウ**からそれぞれ選びなさい。

ア 国後《くなしり》島　**イ** 歯舞《はぼまい》群島　**ウ** 択捉《えとろふ》島

表2

島（群島）	a	色丹島	b	c
面積（km^2）	93	248	1,489	3.167

（「理科年表 2019」及び外務省ホームページより作成）

(3) 次の**ア**～**ウ**のできごとを，年代の古い順に並べなさい。

ア 大友《おおとも》氏などのキリシタン大名が，４人の少年をローマ教皇のもとに派遣《はけん》した。

イ ローマ教皇が，エルサレムをイスラム勢力から取り返すため十字軍の派遣をよびかけた。

ウ バスコ＝ダ＝ガマが，アフリカ大陸の南端《なんたん》を回ってインドに到達《とうたつ》した。

(4) 18世紀に「法の精神」を著《あらわ》し，三権分立を主張したフランスの思想家の名を書きなさい。

(5) 労働者が使用者と交渉《こうしょう》するために組織をつくることができる権利を何といいますか。

(6) 次の文の(　　　)にあてはまる語句を漢字２字で書きなさい。

> 最高裁判所は，法律などが憲法に違反《いはん》していないかどうかを最終的に判断する権限をもっていることから，「憲法の(　　　)」とよばれている。

(7) 右の**表3**のa，bにあてはまる語句を，それぞれ漢字１字で書きなさい。

表3

a 党	b 党
政権を担当し，政策の決定と実施《じっし》にあたる政党のことをいう。	政権を担当せず，政権を批判したり，監視《かんし》したりする政党のことをいう。

(1)	A				B			
(2)	a		b		c		(3)	→ →
(4)				(5)				
(6)				(7)	a		b	

第2回 高校入試実戦テスト

時間 50分　目標 70点　得点　点

解答 別冊 p.34

1 九州地方について，次の問いに答えなさい。

30点（各６点）〔静岡県改題〕

(1) **図１**は，鹿児島県鹿屋《かのや》市の一部の地域を示した地形図である。①，②の問いに答えなさい。

① **図１**を含む九州地方南部には，古い火山の噴出《ふんしゅつ》物によってできた台地が広がっている。この台地の名称《めいしょう》を書きなさい。

② ①の台地では，大雨による土砂災害がおこりやすい。そこで，鹿屋市では，災害による被害《ひがい》をできるだけ少なくするため，地域の危険度を住民にあらかじめ知らせる地図を作成し，公開している。この地図の名称を書きなさい。

図１

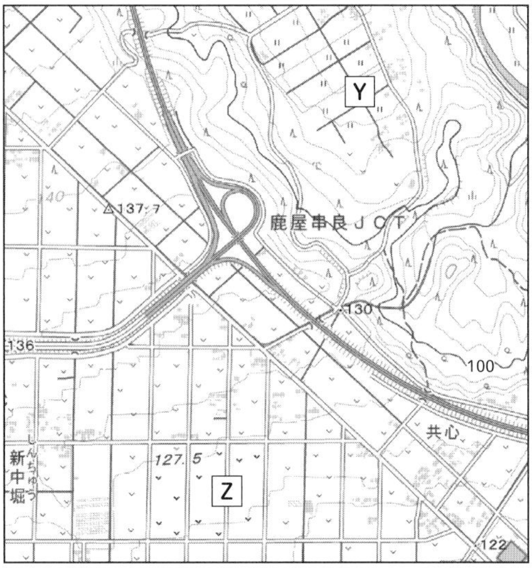

注　国土地理院の電子地形図（タイル）により作成

(2) 次の文は，**図１**の土地のようすや利用についてまとめたものである。文中の**あ**，**い**にあてはまる語として正しい組み合わせを，あとの**ア**～**エ**から選びなさい。

●［Z］は，北西から南東に向かうゆるやかな傾斜《けいしゃ》地で，［Y］に比べて標高が（ **あ** ）場所にある。また，［Z］の付近の土地は，主に（ **い** ）として利用されている。

ア **あ** 高い　**い** 畑　　**イ** **あ** 高い　**い** 田

ウ **あ** 低い　**い** 畑　　**エ** **あ** 低い　**い** 田

(3) 大分県にある八丁原《はっちょうばる》発電所では，火山活動を利用した発電が行われている。八丁原発電所で行われている発電方法を，次の**ア**～**エ**から選びなさい。

ア 原子力　**イ** 火力　**ウ** 水力　**エ** 地熱

表

	河川の長さの平均（km）
沖縄県	7.0
全国	44.6

（「国土交通省資料」）

※河川の長さは，１級河川と２級河川の平均。

図２

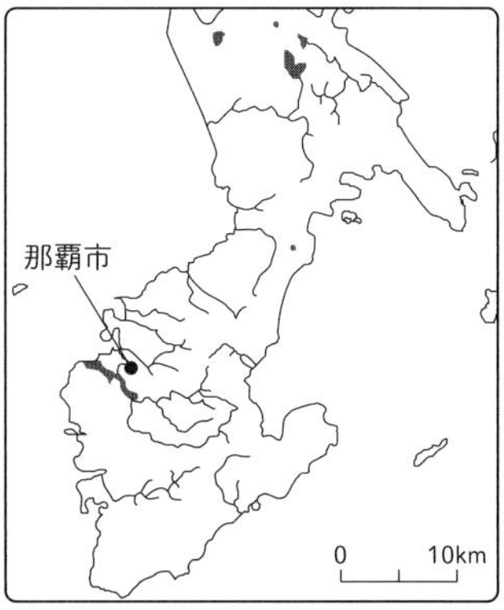

(4) **表**は，沖縄県と沖縄県を除いた全国の，河川《かせん》の長さの平均を示したものである。**図２**は，沖縄県南部の代表的な河川を示した図である。那覇《なは》市は，全国平均よりも年間降水量が多いが，人々は昔から水不足に悩《なや》まされてきた。全国平均よりも年間降水量が多い那覇市が水不足になりやすい理由を，**表**と**図２**から考えられる河川の特徴《とくちょう》に関連づけて，簡単に書きなさい。

(1)	①		②		(2)		(3)	
(4)								

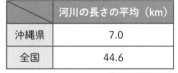

2 次の文を読み，あとの問いに答えなさい。

24点（各4点）〔栃木県改題〕

日本が国際博覧会に初めて参加したのは，幕末の a パリ博覧会(1867 年)である。明治時代初頭には，条約改正交渉《こうしょう》と欧米《おうべい》視察を行った b 日本の使節団がウィーン博覧会(1873 年)を訪《おとず》れた。その後も，日本は c セントルイス博覧会(1904 年)などに参加した。また，日本は，博覧会を 1940 年に開催《かいさい》することを計画していたが，d 国内外の状況《じょうきょう》が悪化し，実現できなかった。e 日本での博覧会の開催は第二次世界大戦後となった。

(1) 下線部 a に関して，日本は，パリ博覧会に葛飾北斎《かつしかほくさい》の浮世絵《うきよえ》を出品した。このことは，浮世絵がヨーロッパで紹介される一因となった。葛飾北斎と同時期に活躍《かつやく》した浮世絵師を，次の**ア**～**エ**から選びなさい。

ア 狩野永徳《かのうえいとく》　**イ** 歌川広重《うたがわひろしげ》
ウ 尾形光琳《おがたこうりん》　**エ** 菱川師宣《ひしかわもろのぶ》

(2) 下線部 a に関して，薩摩《さつま》藩は，パリ博覧会に参加するなど，ヨーロッパの列強との交流を深めていった。列強と交流するようになった理由を，**図1**から読み取れることをふまえ，「攘夷《じょうい》」の語を用いて，簡潔に書きなさい。

図1

年	薩摩藩のできごと
1863	薩英戦争
1865	イギリスへの留学生派遣《はけん》
	イギリスから武器を購入
1866	薩長同盟
1867	パリ博覧会参加

(3) 下線部 b について，この使節団を何というか。

(4) 下線部 c に関して，セントルイス博覧会が開催されていた頃《ころ》，日本はロシアと戦争を行っていた。日露戦争開戦時に日本の領土であったところを，**図2**中の**ア**～**エ**から選びなさい。

図2

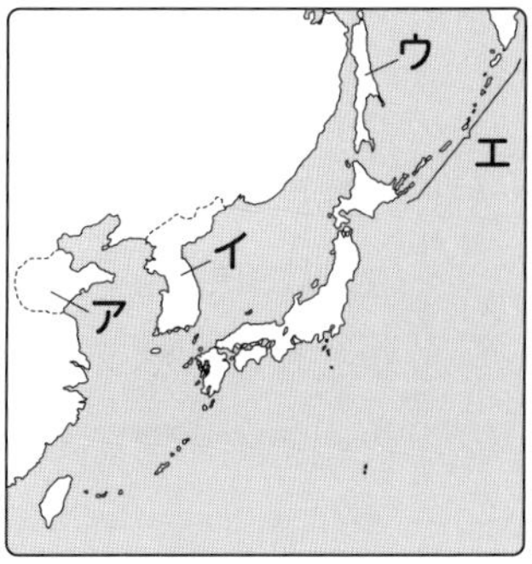

(5) 下線部 d に関して，日本が国際連盟を脱退した後の状況について正しいものを，次の**ア**～**エ**から選びなさい。

ア 米騒動《そうどう》が全国に広がった。　**イ** 世界恐慌《きょうこう》が起こった。
ウ 五・一五事件が起きた。　**エ** 日中戦争が始まった。

(6) 下線部 e に関して述べた次の文中の Ⅰ，Ⅱ にあてはまる語の組み合わせとして正しいものを，あとの**ア**～**エ**から選びなさい。

（　Ⅰ　）内閣は，アメリカとの交渉をすすめ，1972 年に（　Ⅱ　）を実現させた。このことを記念して，1975 年に国際海洋博覧会が開催された。

ア Ⅰ 佐藤栄作《さとうえいさく》　Ⅱ 日中国交正常化　**イ** Ⅰ 吉田茂《よしだしげる》　Ⅱ 日中国交正常化
ウ Ⅰ 佐藤栄作　Ⅱ 沖縄の日本復帰　**エ** Ⅰ 吉田茂　Ⅱ 沖縄の日本復帰

(1)		(2)					
(3)		(4)		(5)		(6)	

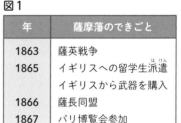

3 経済に関する文章を読み，あとの問いに答えなさい。

28点（各７点）〔兵庫県〕

> a 市場では，消費者が何を買うか決める権利があり，企業《きぎょう》は法律を守って公正な経済活動を行い，b よりよい商品やサービスを提供して消費者の生活を豊かにする役割がある。また，c 企業は利益に応じて税金を負担し，株式会社では株主の利益を確保することも求められる。さらに，現代の企業は，利潤《りじゅん》を追求するだけでなく，d 社会の一員として地域文化に貢献《こうけん》することや環境《かんきょう》保全の取組を推進することなども期待されている。また，災害時に企業がボランティア活動を行うなどの取組が進められている。

(1) 下線部 a に関して説明した次の文中の ⅰ～ⅲ に入る語句の組み合わせとして正しいものを，あとの**ア**～**カ**から選びなさい。

> 商品の性能などについては，（ ⅰ ）がすべてを理解することは困難で，（ ⅱ ）の方が圧倒《あっとう》的に多くの専門知識や情報を持っている。そこで，（ ⅰ ）は自ら商品に対する知識や情報を広く収集するとともに，（ ⅲ ）が（ ⅰ ）を守るために法律やしくみを整備することなどが重要となる。

ア ⅰ消費者　ⅱ企業　ⅲ政府　　**イ** ⅰ消費者　ⅱ政府　ⅲ企業
ウ ⅰ企業　ⅱ消費者　ⅲ政府　　**エ** ⅰ企業　ⅱ政府　ⅲ消費者
オ ⅰ政府　ⅱ消費者　ⅲ企業　　**カ** ⅰ政府　ⅱ企業　ⅲ消費者

(2) 下線部 b に関して，流通について述べた次の文 X，Y について，その正誤の組み合わせとして正しいものを，あとの**ア**～**エ**から選びなさい。

X 販売《はんばい》データを分析《ぶんせき》し効率的に店を運営する目的で，ＰＯＳシステムが導入されている。
Y 商業の発達に伴《ともな》い，大規模小売業者が生産者から直接仕入れる流通経路はなくなった。

ア X－正 Y—正　　**イ** X—正 Y—誤
ウ X—誤 Y—正　　**エ** X—誤 Y—誤

(3) 下線部 c に関して，右の資料は平成 30 年度の日本の一般会計歳入《さいにゅう》の構成である。資料中の P に入る語句を，解答欄《らん》にあわせて漢字２字で書きなさい。

資料

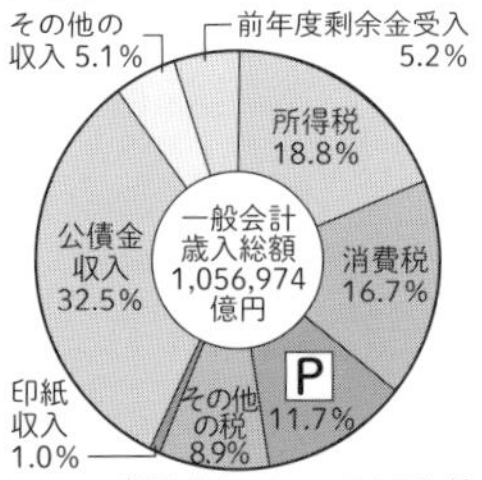

（財務省ホームページより作成）

(4) 下線部 d に関して，このような企業の役割を何というか，解答欄にあわせて漢字５字で書きなさい。

(1)		(2)		(3)	税
(4)	企業の				

4 右の略年表を見て，次の問いに答えなさい。

18点（各３点）〔静岡県改題〕

時代	飛鳥《あすか》	奈良《なら》	平安《へいあん》	鎌倉《かまくら》
日本のできごと	①大化の改新が始まる	荘園《しょうえん》ができ始める	②国風文化が栄える	③鎌倉幕府がほろびる

(1) 傍線部《ぼうせんぶ》①とよばれる政治改革を始め，のちに即位《そくい》して天《てん》智《じ》天皇となった人物はだれか。その人物名を書きなさい。

(2) 次の文章は，傍線部①が始まった後に起こったできごとについてまとめたものである。文中の**あ**，**い**にあてはまる語として正しい組み合わせを，あとの**ア**～**エ**から選びなさい。

> 朝鮮《ちょうせん》半島に大軍を送った倭《わ》(日本)は，唐《とう》と(　**あ**　)の連合軍と戦った。この(　**い**　)に敗れた倭(日本)は朝鮮半島から退いた。その後，朝鮮半島は(　**あ**　)によって統一された。

ア　**あ**　百済《くだら》　**い**　白村江《はくすきのえ》の戦い　　**イ**　**あ**　新羅《しらぎ》　**い**　白村江の戦い
ウ　**あ**　百済　**い**　壬申《じんしん》の乱　　**エ**　**あ**　新羅　**い**　壬申の乱

(3) 傍線部②の特色の１つとして，かな文字が発達したことがあげられる。かな文字を用いて，清少納言《せいしょうなごん》が書いた随筆《ずいひつ》は何とよばれるか。その名称を書きなさい。

(4) 傍線部③に関する次の問いに答えなさい。

① 元寇《げんこう》(モンゴル帝国《ていこく》の襲来《しゅうらい》)の後に，傍線部③が行ったことを，次の**ア**～**エ**から選びなさい。

ア　御成敗式目《ごせいばいしきもく》を制定した。　　**イ**　銀閣を建てさせた。
ウ　勘合《かんごう》貿易を始めた。　　**エ**　徳政令を出した。

② **資料**は，鎌倉時代に，ある御家人《ごけにん》が，自らの家の相続について書いた文書の一部を要約したものである。**資料**から，この文書を書いた御家人は，相続方法を変えたことが分かる。**資料**から読み取れる，この御家人が相続方法を変えた理由を，今までの相続方法を続けた場合に起こる領地への影響《えいきょう》とあわせて，簡単に書きなさい。

資料

> 私が先祖から受け継《つ》いできた領地を，嫡子《ちゃくし》(家の跡継ぎとなる子)に譲《ゆず》る。今までのように，嫡子以外の子にも，私が受け継いできた領地の一部を譲るべきだろうが，嫡子以外の子にも譲ってしまうと，幕府に緊急事態があったときに対応できないため，嫡子一人に譲ることとする。
>
> (「山内首藤家文書」より，一部を要約)

③ 後醍醐《ごだいご》天皇は，傍線部③に不満を持つ悪党や武士を味方につけて，傍線部③を滅ぼした。傍線部③を滅ぼした後醍醐天皇が中心となって行った政治は何とよばれるか。その名称を書きなさい。

(1)		(2)		(3)		(4)	①	
②								
③								

第3回 高校入試実戦テスト

1 下の地図と図，表を見て，あとの問いに答えなさい。 20点（各４点）〔秋田県改題〕

地図

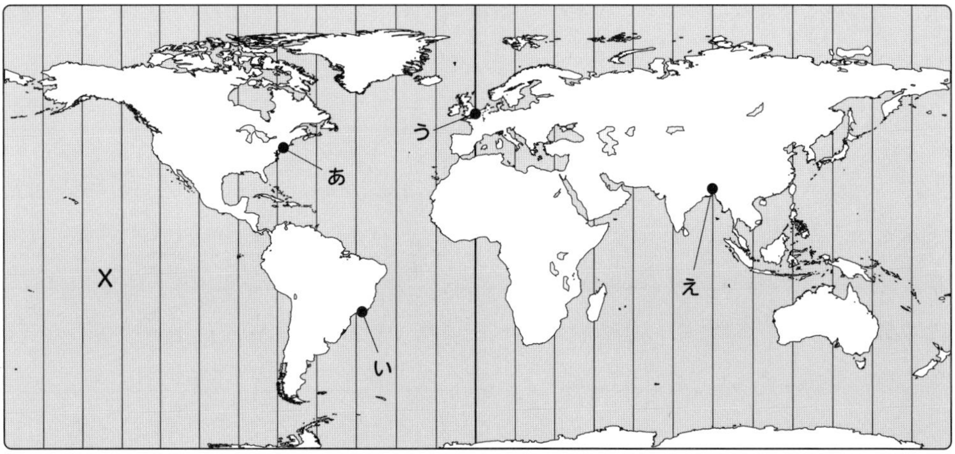
う
あ
X
え
い

※本初子午線を基準に，経線を15°ごとに引いている地図。

(1) 地図のXの海洋名を答えなさい。

(2) 日本の標準時子午線上に国土を有する国のうち，最も面積の大きい国の名称を書きなさい。

(3) 図１のP大陸の名称を書きなさい。

(4) 図２の二人の会話から，Aさんが住んでいる位置を，地図のあ～えから選びなさい。

図１ ▼各大陸における熱帯の面積の割合

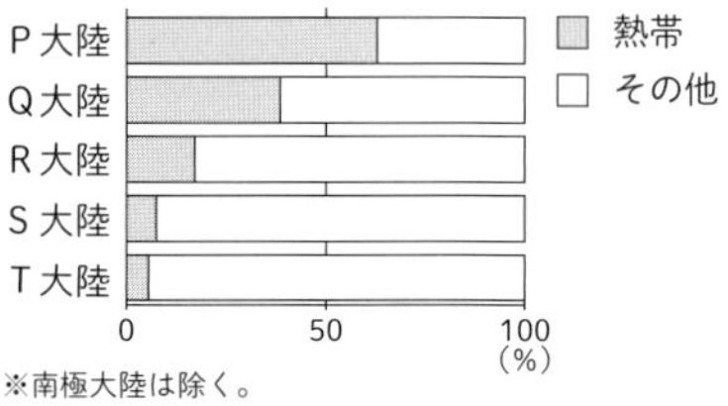
P大陸
Q大陸
R大陸
S大陸
T大陸
0
50
100
（%）
熱帯
その他

※南極大陸は除く。

（「データブックオブ・ザ・ワールド 2020年版」）

図２ 外国に住んでいる中学生Aさんとの会話

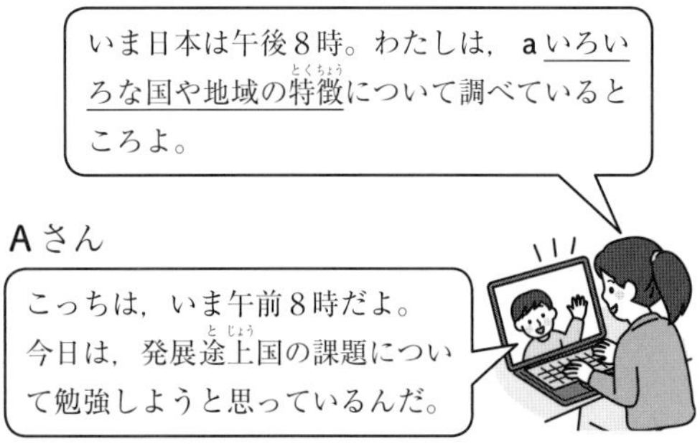
いま日本は午後８時。わたしは，aいろいろな国や地域の特徴《とくちょう》について調べているところよ。
Aさん
こっちは，いま午前８時だよ。今日は，発展途《と》上《じょう》国の課題について勉強しようと思っているんだ。

※サマータイム制度は考えないものとする。

表 ▼国や地域の比較（2017年）

項目 / 国・地域	面積（千 km²）	人口（百万人）	GDP（億ドル）	貿易額（億ドル）	
				輸出	輸入
ア	8 516	209	20 555	2 178	1 575
イ	4 374	511	173 065	56 927	56 140
ウ	9 834	325	194 854	15 467	24 095
エ	9 600	1 421	122 378	22 804	18 423
オ	378	128	48 724	6 982	6 713

（「世界国勢図会 2019/20年版」ほか）

(5) 図２の下線部aについて，表のア～オは，それぞれ日本，アメリカ，ブラジル，中国，EUのいずれかを示している。EUを示すものを選びなさい。

(1)		(2)			
(3)		(4)		(5)	

2 次の問いに答えなさい。

16点（各4点）〔和歌山県〕

a 産業は，一般的に第1次産業，第2次産業，第3次産業に分類される。このうち，第1次産業に分類される農林水産業では，各地の自然環境《かんきょう》に合わせて，様々な生産活動が行われている。

日本の耕地の半分は水田で，稲作《いなさく》が全国的に行われている。特に，b 東北地方，北陸地方で米の生産量が多く，日本の穀倉地帯となっている。野菜の生産は，千葉県や茨城県などの近郊《きんこう》農業の地域や，宮崎県や高知県などの c ビニールハウスを利用して出荷《しゅっか》時期を早める栽《さい》培《ばい》方法の地域，岩手県や長野県などの抑制《よくせい》栽培の地域を中心に盛んに行われている。

(1) 下線部 a に関し，表は，栃木県，東京都，三重県，鳥取県の産業別人口構成，漁獲《ぎょかく》量，製造品出荷額を示したものである。三重県にあたるものを，表中のア～エの中から選びなさい。

表

	産業別人口構成（%）			漁獲量（百 t）	製造品出荷額（百億円）
	第1次産業	第2次産業	第3次産業		
ア	5.9	31.1	63.0	3	894
イ	8.3	22.4	69.3	730	73
ウ	0.5	15.8	83.7	489	778
エ	3.0	32.3	64.7	1705	989

（「データブック オブ・ザ・ワールド 2019年版」）

(2) 文中の下線部 b に関し，次の説明文は，1993 年に東北地方を中心に発生した冷害について述べたものである。これを読み，あとの①，②に答えなさい。

> 東北地方は，1993 年に，北東から吹《ふ》く冷たく湿《しめ》った風の影響《えいきょう》を強く受け，冷害にみまわれた。特に，青森県八戸《はちのへ》市などの太平洋側の北部地域では，稲《いね》が十分に育たず，米の収穫《しゅうかく》量が大幅に減少した。

図1

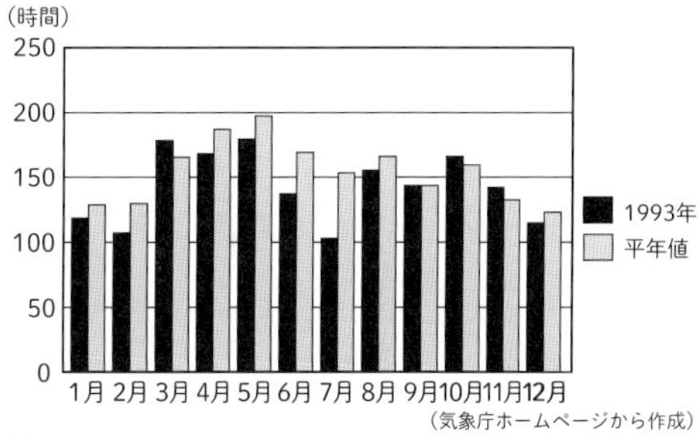

（気象庁ホームページから作成）

図2

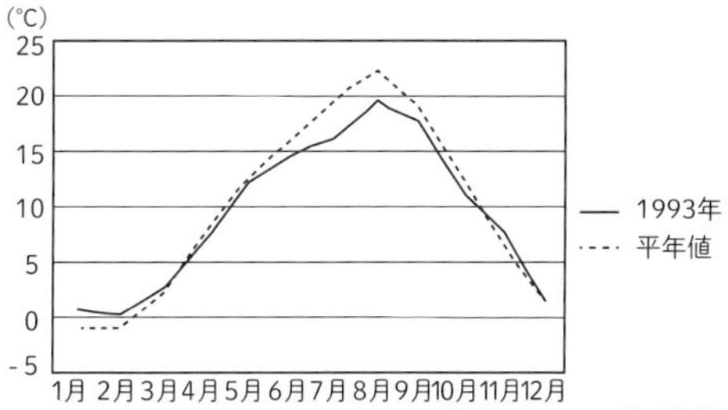

（気象庁ホームページから作成）

※図1と図2の平年値は，1981年から2010年の観測値の平均です。

① 説明文の下線に関し，この風を何というか。

② 図1は，青森県八戸市の月別日照時間，図2は，同市の月別平均気温を，1993 年と平均値をそれぞれ比較《ひかく》して表したものである。八戸市において，稲が十分に育たず，米の収穫量が大幅に減少した理由を，図1と図2のそれぞれから読み取り，簡潔に書きなさい。

(3) 文中の下線部 c に関し，この栽培方法を何というか。

(1)		(2) ①		
②				
(3)				

3 次の略年表を見て，あとの問いに答えなさい。

12点（各２点）〔鹿児島県〕

世紀	おもなできごと
5	a 大和政権（ヤマト王権）の大王が中国の南朝にたびたび使いを送る
7	中大兄皇子《なかのおおえのおうじ》や中臣鎌足《なかとみのかまたり》らが大化の改新とよばれる政治改革を始める……………………………A
11	白河《しらかわ》天皇が位をゆずって上皇になったのちも政治を行う（　　　）を始める
14	京都の室町に御所《ごしょ》を建てた b 足利義満《あしかがよしみつ》が南北朝を統一する……………………………B
16	大阪城を築いて本拠地とした c 豊臣秀吉《とよとみひでよし》が全国を統一する……………………………C

(1) **略年表**中の(　　　)にあてはまる最も適当なことばを漢字で書きなさい。

(2) 下線部 a に関して，大和政権(ヤマト王権)の勢力が広がるにつれて，各地の豪《ごう》族《ぞく》も**資料**のような形の古墳《こふん》をつくるようになった。**資料**のような形の古墳を何というか。

資料

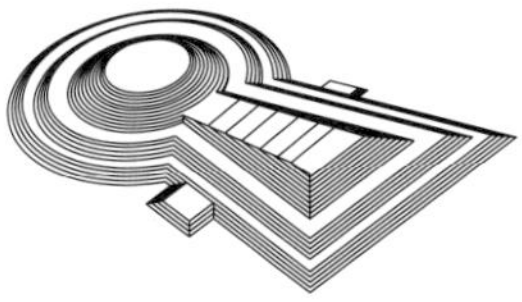

(3) A と B の間の時期に起こった次の**ア**～**エ**のできごとを年代の古い順に並べなさい。

ア 征夷《せいい》大将軍になった坂上田村麻呂《さかのうえのたむらまろ》は，蝦夷《えみし》のおもな拠点《きょてん》を攻め，東北地方への支配を広げた。

イ 聖武《しょうむ》天皇は仏教の力で国家を守ろうと，国ごとに国分寺と国分尼《に》寺，都に東大寺を建てた。

ウ 武士の活躍《かつやく》をえがいた軍記物の「平家物語」が，琵琶《びわ》法師によって語り伝えられ始めた。

エ 壬申《じんしん》の乱に勝って即位した天武《てんむ》天皇は，天皇を中心とする国家づくりを進めた。

(4) 下線部 b に関して，室町《むろまち》幕府の政治について述べた文として最も適当なものを，次の**ア**～**エ**から選びなさい。

ア 将軍のもとで老中や若年寄，各種の奉行《ぶぎょう》などが職務を分担した。

イ 執権《しっけん》が御家人《ごけにん》たちをまとめ，幕府を運営していくようになった。

ウ 管領《かんれい》とよばれる将軍の補佐《ほさ》役には，有力な守護が任命された。

エ 太政官《だじょうかん》が政策を決定し，その下の八つの省が実務を担当した。

(5) 下線部 c に関して，豊臣秀吉に仕え，わび茶の作法を完成させたのは誰か，答えなさい。

(6) B と C の間の時期に起こった世界のできごととして正しいものを，次の**ア**～**エ**から選びなさい。

ア ルターが宗教改革を始めた。　　**イ** アメリカ独立戦争が起こった。

ウ ムハンマドがイスラム教をおこした。　　**エ** 高麗《こうらい》が朝鮮半島を統一した。

(1)		(2)	
(3)	→ → →	(4)	
(5)		(6)	

4 **次のA～Dの文を読んで，あとの問いに答えなさい。** 20点（各4点）〔愛媛県〕

A　①徳川慶喜《とくがわよしのぶ》が，江戸幕府の第15代の征夷大将軍となった。

B　全国の民権派の代表が，大阪に集まり，国会期成同盟を結成した。

C　②第一次世界大戦が始まると，日本は，日英同盟に基《もと》づいて参戦した。

D　③第二次世界大戦におけるドイツの優勢を見て，日本は，日独伊三国同盟を結んだ。

(1)　幕府を武力で倒《たお》そうとする動きが強まると，①は土佐藩《とさはん》のすすめを受けて，（　　　　　）。このできごとは，一般に大政奉還《ほうかん》とよばれている。（　　　　　）に適当な言葉を書き入れて文を完成させなさい。ただし，（　　　　　）には，政権，朝廷《ちょうてい》の２つの言葉を含めること。

(2)　BのできごとからCのできごとまでの期間に起こった，次の**ア**～**エ**のできごとを年代の古い順に並べなさい。

ア　日本で，日比谷《ひびや》焼き打ち事件が起こった。　**イ**　清で，義和団事件が起こった。

ウ　朝鮮《ちょうせん》で，甲午《こうご》農民戦争が起こった。　**エ**　清で，辛亥《しんがい》革命が起こった。

(3)　②をきっかけとする我が国の産業構造の変化について，**グラフ1**は，我が国の，1914年と1919年における，各種産業の生産総額に占《し》める，産業別の生産額の割合を表したものであり，**グラフ1**中のa，bは，それぞれ農業，工業のいずれかにあたる。また，**グラフ2**は，我が国の，1914年と1919年における，工業の生産総額に占める，工業分野別の生産額の割合を表したものであり，**グラフ2**中のc，dは，それぞれ軽工業，重化学工業のいずれかにあたる。a～dにそれぞれあたるものの組み合わせとして適当なものを，次の**ア**～**エ**から選びなさい。

ア　a農業，b工業，c軽工業，d重化学工業

イ　a農業，b工業，c重化学工業，d軽工業

ウ　a工業，b農業，c軽工業，d重化学工業

エ　a工業，b農業，c重化学工業，d軽工業

グラフ1

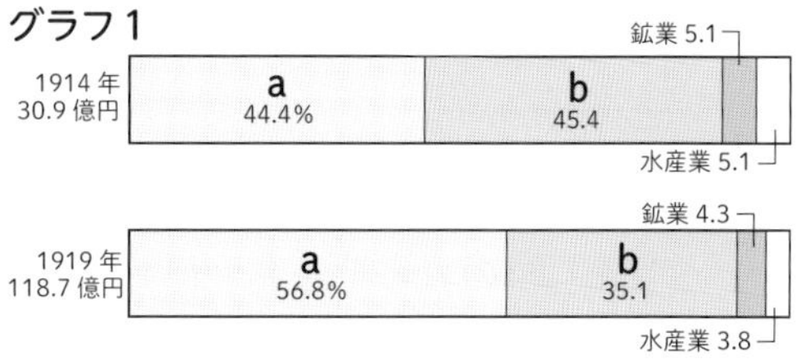

（「日本資本主義発達史年表」）

グラフ2

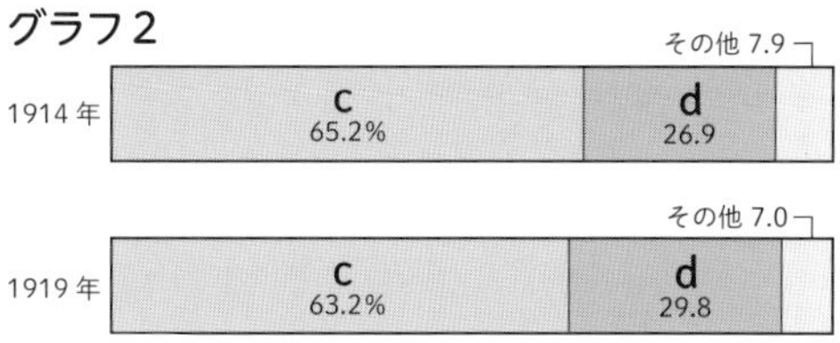

（「日本資本主義発達史年表」）

(4)　Dのできごとが起こったころ，日本は，（　　　）領インドシナの南部に軍を進めると，アメリカは，日本に対する石油輸出の禁止を決定した。（　　　）にあてはまる国名を書きなさい。

(5)　③が終結した後，日本はアメリカを中心とする連合国に占領《せんりょう》されていたが，1951年に講和会議が開かれ，当時の日本の内閣総理大臣であった（　　　）が，この会議に出席し，サンフランシスコ平和条約に署名した。（　　　）にあてはまる人物名を書きなさい。

(1)			
(2)	→ → →	(3)	
(4)		(5)	

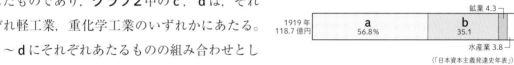

5 次の資料１を見て，あとの問いに答えなさい。　12点（各２点）〔沖縄県〕

(1) 下線部ａでは主に自由権が保障された。これに関連して，日本国憲法で保障されている自由権の種類と具体的な権利の組み合わせとして正しいものを，次の**ア**～**ウ**から選びなさい。

ア　精神の自由－奴隷《どれい》的拘束《こうそく》や苦役《くえき》からの自由

イ　生命・身体の自由－表現の自由

ウ　経済活動の自由－職業選択の自由

資料１

人権の保障に関連する年表	
1215年	ａマグナカルタ（イギリス）
1689年	権利の章典（イギリス）
1776年	アメリカ独立宣言
1789年	フランス人権宣言
1919年	ｂワイマール憲法（ドイツ）
1946年	日本国憲法
1948年	ｃ世界人権宣言

(2) 人権は，自分の権利と他人の権利が衝突《しょうとつ》するとき制限されることがある。これに関連して，日本国憲法ではどのような場合に人権が制限されるとしているか。**資料２**の○○と△△にあてはまる語句をそれぞれ漢字２字で書きなさい。

資料２

日本国憲法　第13条

すべて国民は，個人として尊重される。生命，自由及《およ》び幸福追求に対する国民の権利については，○○の△△に反しない限り，立法その他の国政の上で，最大の尊重を必要とする。

(3) 下線部ｂの憲法は世界で初めて社会権を保障した憲法だといわれる。社会権は，自由権や平等権だけでは人間らしい生活を保障するには不十分だったために登場したが，なぜ不十分だったのか。その理由を，当時の人々が困っていた経済的な問題に触《ふ》れて，「自由権や平等権の保障だけでは(　　　　　)ことができなかったから。」の形式に合わせて文を完成させなさい。

(4) 下線部ｃについて，この宣言が採択《さいたく》された国際的な組織を何というか。

(5) 近年，社会の変化にともなって，日本国憲法に直接は規定されていない人権も認められるようになってきた。そのような人権として正しいものを，次の**ア**～**エ**から選びなさい。

ア　請願《せいがん》権　**イ**　裁判を受ける権利　**ウ**　環境《かんきょう》権　**エ**　教育を受ける権利

(1)		(2)	○○		△△	
(3)						
(4)		(5)				

6 次の表を見て，あとの問いに答えなさい。

20点（各4点）〔埼玉県2020年度公立高校入試問題改題〕

①価格の働き	市場経済において，価格はどのような働きをしているのだろうか。
私たちの生活と金融《きんゆう》機関	銀行や②日本銀行は，どのような仕事をしているのだろうか。
社会保障のしくみ	③日本の社会保障制度はどのようになっているのだろうか。
さまざまな国際問題	地球はどのような④環境問題をかかえているのだろうか。

(1) 下線部①に関連して，**K**さんは，独占《どくせん》禁止法について調べ，次のようにまとめた。まとめの中の(　　　)にあてはまる語を書きなさい。

> 価格競争が弱まると，消費者は不当に高い価格を支払《しはら》わされることになりかねない。そこで，競争をうながすための独占禁止法が制定され，(　　　)がその運用にあたっている。(　　　)は独占禁止法に基《もと》づいて設置される行政機関で，不当な取り引きなどをしないよう監視《かんし》しており，「独占禁止法の番人」ともよばれている。

(2) 下線部②について，日本銀行には，「発券銀行」，「政府の銀行」，「銀行の銀行」というおもな役割がある。このうち，「銀行の銀行」とよばれる役割について説明しなさい。

(3) 下線部③について，次の**X**と**Y**の正誤の組み合わせとして正しいものを，あとの**ア**～**エ**から選びなさい。

X　社会保障制度における社会福祉《ふくし》とは，高齢《こうれい》者や障がいのある人，子供など，社会生活を営むうえで不利だったり立場が弱かったりする人々を支援《しえん》するしくみのことである。

Y　介護《かいご》保険制度とは，20歳《さい》以上の希望する人が加入し，介護が必要になったときに介護サービスを受けられる制度である。

ア　**X**　正　**Y**　正　　**イ**　**X**　正　**Y**　誤
ウ　**X**　誤　**Y**　正　　**エ**　**X**　誤　**Y**　誤

(4) **K**さんは，下線部④に関連して，地球環境問題の解決に向けた国際社会の取り組みについて調べ，次のようにまとめた。まとめの中の**Ⅰ**と**Ⅱ**にあてはまる語を，それぞれ書きなさい。

> 1997年に(　Ⅰ　)市で開かれた，気候変動枠組《わくぐみ》条約の締約《ていやく》国会議で，先進国に温室効果ガスの排出削減《さくげん》を義務づける(　Ⅰ　)議定書が採択された。しかし，先進国と途上《とじょう》国の間の利害対立などの課題があり，(　Ⅰ　)議定書後の枠組みについて議論が続いていた。そこで，2015年に(　Ⅱ　)協定が採択された。(　Ⅱ　)協定では，途上国を含《ふく》むすべての参加国が自主的に削減目標を決め，平均気温の上昇《じょうしょう》をおさえる対策をすすめることで合意した。

(1)		(2)				
(3)		(4)	Ⅰ		Ⅱ	

別冊

取りはずしてご使用ください。

ホントにわかる 中学3年間の総復習 社会

解答と解説

新興出版社 shinko publishing

世界の姿と日本の姿

本冊 p.4~7

ステップ2

1 (1)X南(緯)30(度)・東(経)120(度)　Y北(緯)30(度)・西(経)90(度)
(2)北(緯)30(度)・東(経)150(度)　(3)あ→い→う　(4)ウ　(5)i　(6)①ウ　②イ
(7)Aアジア(州)　Bアフリカ(州)　(8)12(月)15(日)午前3(時)
(9)1(月)2(日)午後6(時)

2 (1)A南アメリカ(大陸)　Bオーストラリア(大陸)　(2)ウ

3 (1)ア択捉島　イ南鳥島　ウ沖ノ鳥島　エ与那国島　(2)排他的経済水域
(3)竹島　(4)尖閣諸島　(5)3(つ)

解説

1 (1)地図の縦軸が緯度,横軸が経度を示している。正しく位置を読み取ろう。

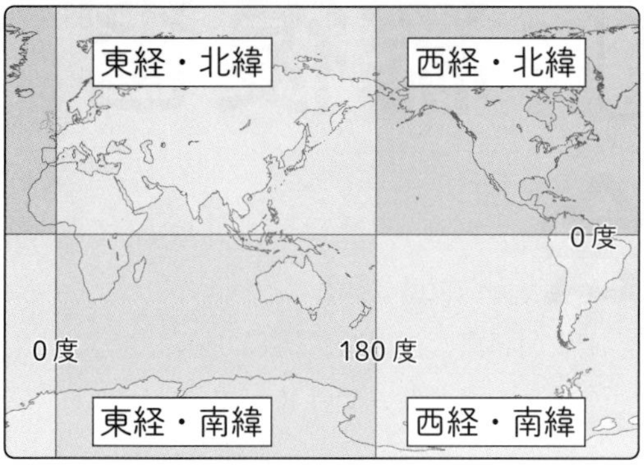

(2)対蹠点の求め方
【緯度】角度はそのままで北緯なら南緯に,南緯なら北緯にする。
(例　北緯30度→南緯30度)
【経度】180度からもとの地点の経度を引いて,東経なら西経に,西経なら東経にする。
(例　西経30度→東経150度)

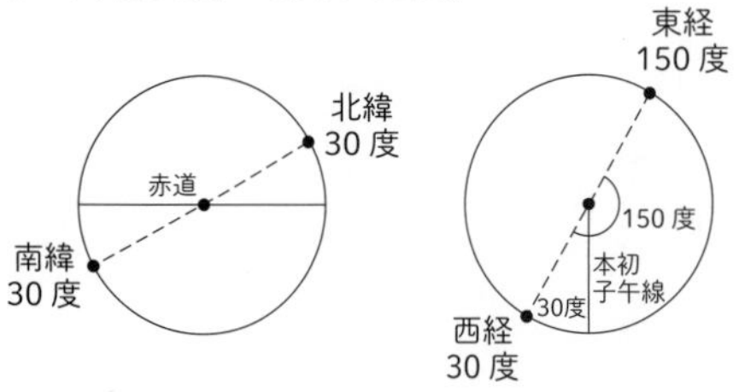

確認 北緯36度,東経140度の対蹠点は?
→南緯36度,西経40度

(3)三大洋は,面積の広い順に,太平洋→大西洋→インド洋である。

(4)aは北緯30度,bは南緯30度なので,a－b間は緯度60度分の距離がある。
地球1周は約40000kmなので,40000×(60÷360)＝約6666と求めることができる。

(5)最短距離は,正距方位図法では直線で表される。メルカトル図法では曲線で表され,北半球では上に曲がった曲線,南半球では下に曲がった曲線で表される。

(6)日本と同緯度,経度の範《はん》囲《い》は次の通り。

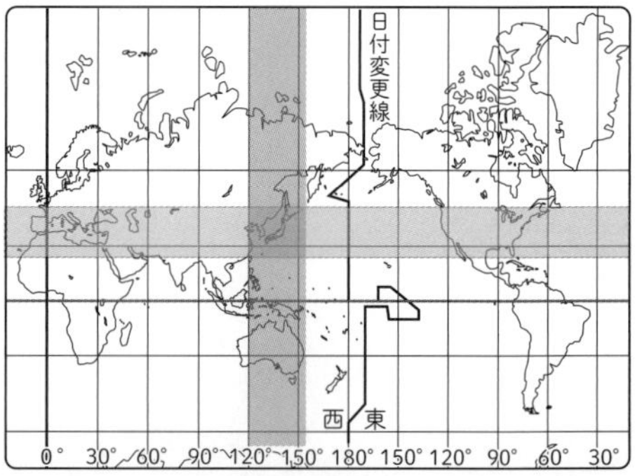

◆赤道や北緯40度の緯線が通る地域
・赤道が通る地域
→ギニア湾《わん》沿岸～シンガポールの先～エクアドル
・北緯40度の緯線が通る地域
→秋田県～アメリカ合衆国のニューヨーク～地中海沿岸～中国北部

(8)時差は（135－０）÷15＝９(時間)。

日本は12月14日午後６時の９時間後となる。

(9)時差は（135＋150）÷15＝19(時間)。日本での出発時刻１月３日午前６時は，ハワイでは１月２日午前11時となる。７時間後が到着時刻となるので，１月２日午後６時となる。

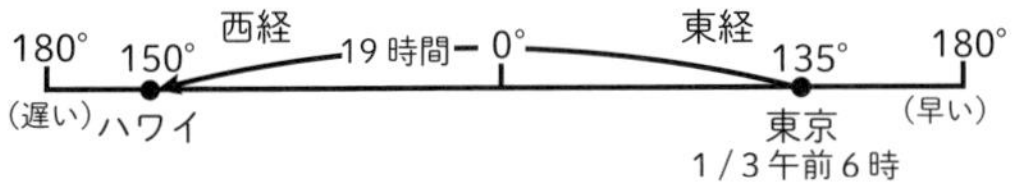

確認 成田空港を２月10日午前10時に出発した飛行機が13時間後にロンドンに到着した。ロンドンの現地時間は？

→２月10日午後２時

2 (1)いろいろな地図で六大陸・三大洋を答えられるようにする。

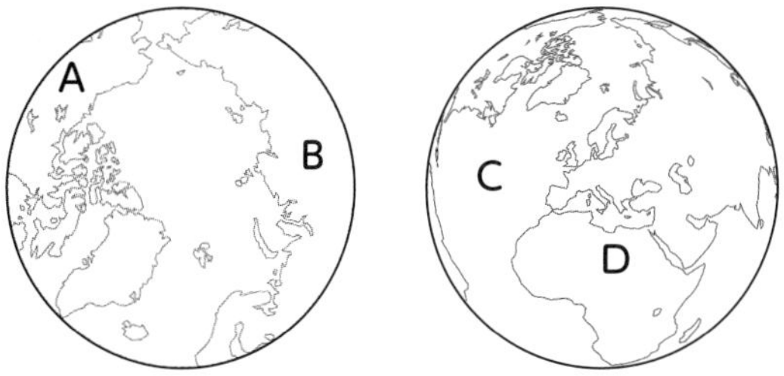

確認 **A**北アメリカ大陸，**B**ユーラシア大陸，**C**大西洋，**D**アフリカ大陸

(2)**ア** a は赤道ではなく東京から10000kmを表している。**イ**東京から見てロサンゼルスは北東の方角になる。**エ**東京からケープタウンまでの距離のほうが長い。**オ**順に，オーストラリア大陸，南極大陸，南アメリカ大陸，ユーラシア大陸を通過する。

3 (1)択捉島は北海道，南鳥島と沖ノ鳥島は東京都，与那国島は沖縄県に属している。

(2)国連海洋法条約で，排他的経済水域は，海岸線から200海里以内の，領海を除く海域と定められている。

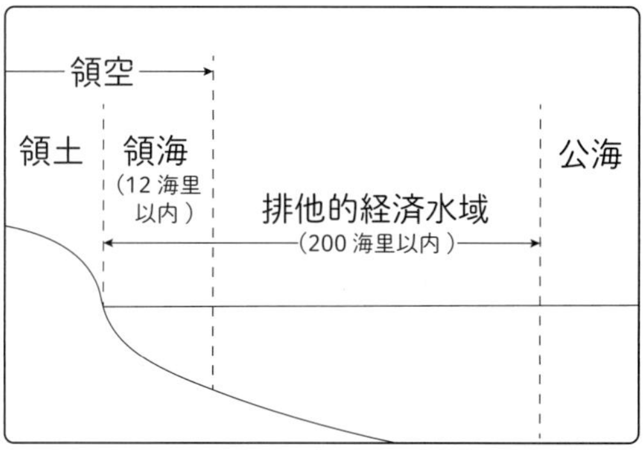

(3)竹島は島根県に属している。

(4)尖閣諸島は沖縄県に属している。

(5)中国・四国地方で県名と県庁所在地名が異なるのは，島根県（松江《まつえ》市），香川《かがわ》県（高松《たかまつ》市），愛媛《えひめ》県（松山《まつやま》市）である。

入試につながる

●図法の特色をおさえる

・メルカトル図法…経線と緯線が直角に交わる。
航海図に利用。赤道から離れるほど実際の面積より大きく表示される。

・正距方位図法…中心からの距離と方位が正しい。
航空図に利用。中心から離れるほど陸地の形が変わる。

・モルワイデ図法…面積が正しい。分布図に利用。赤道から離れるほど陸地の形が変わる。

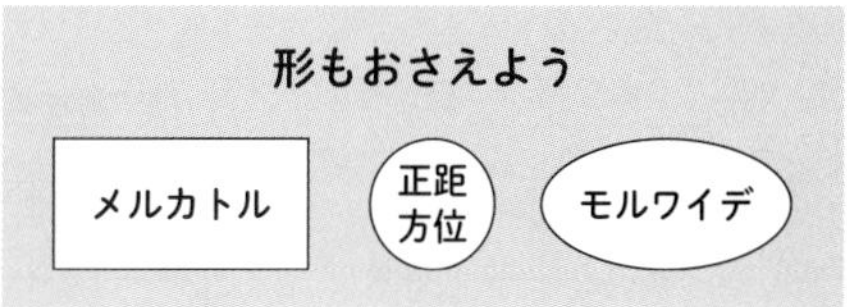

世界の人々の生活と環境

本冊 p.8~11

ステップ2

1 (1)**B** (2)環太平洋《かんたいへいよう》(造山帯) **ア・ウ** (3)ウラル(山脈) (4)**aア bエ cウ dイ**
(5)**ウ** (6)バンコク**Y** サンフランシスコ**X**

2 (1)**aエ bウ cイ dア** (2)**cウ xア yイ**

3 **a**ユーラシア(大陸) **b**南アメリカ(大陸) **c**アフリカ(大陸)

解説

1 (1)赤道の位置は各大陸でもおさえる。

確認 赤道の位置はどこ？

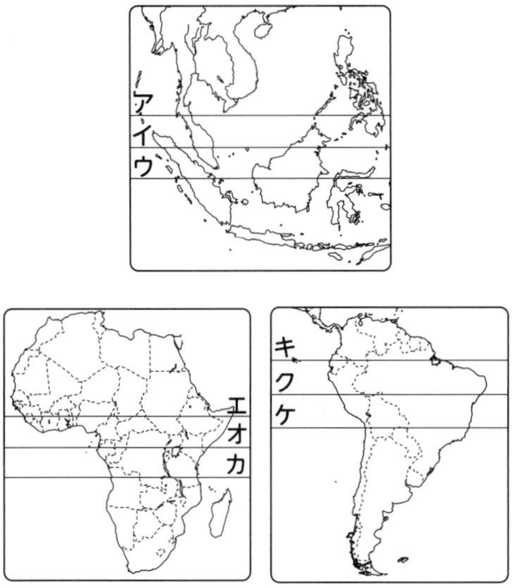

答え **ウ・オ・キ**

(2)造山帯は，環太平洋造山帯とアルプス・ヒマラヤ造山帯の2つがあり，地震《じしん》や火山活動が活発である。

(3)ロシアのウラル山脈がアジア州とヨーロッパ州を分ける北の境界となっている。

(4)問題になっている都市の気候帯が不明な場合は，雨温図を見て考えるとよい。

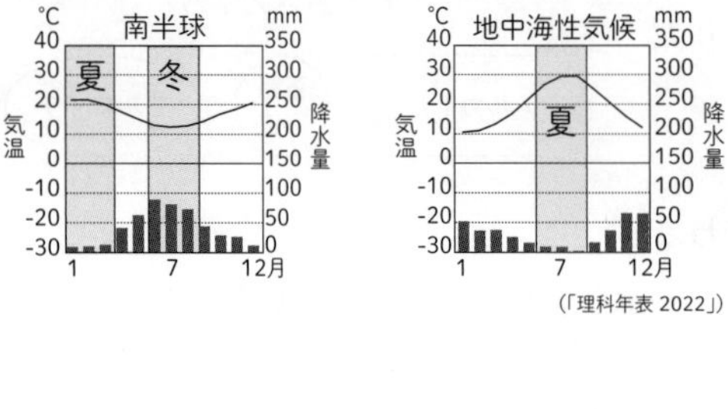

(「理科年表 2022」)

ウ…気温の折れ線グラフから南半球の雨温図だとわかる。**ア・エ**…夏に降水量が少ない**エ**が地中海性気候，年中ほぼ一定の降水量の**ア**が西岸海洋性気候である。**イ**…温暖湿潤《しつじゅん》気候の雨温図である。

◆おもな都市の年間降水量(mm)

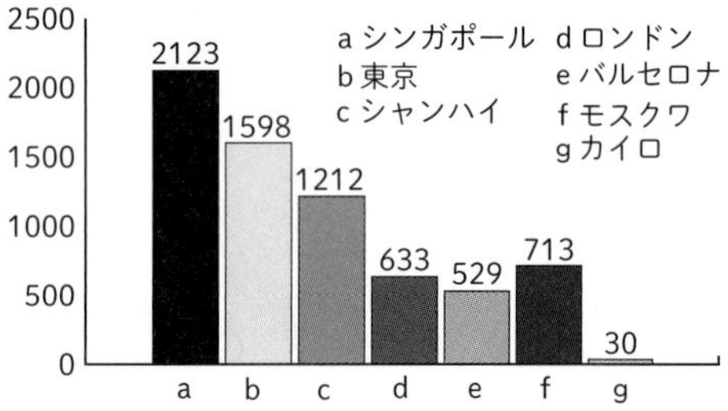

(「理科年表 2022」)

(5)**ア**…「日曜日は教会に祈り」からキリスト教，**イ**…「牛を神聖な動物」からヒンドゥー教，**ウ**…「コーラン」からイスラム教，**エ**…「日本には6世紀に伝わった」から仏教である。

(6)**Y**と**Z**は年平均気温が高く，年間降水量も多いため熱帯である。**Y**より**Z**のほうが年間降水量が多いので，熱帯雨林気候のシンガポール，**Y**は雨季と乾季があるサバナ気候のバンコク。**W**…年間降水量が少ないので，乾燥帯のリヤドとなる。

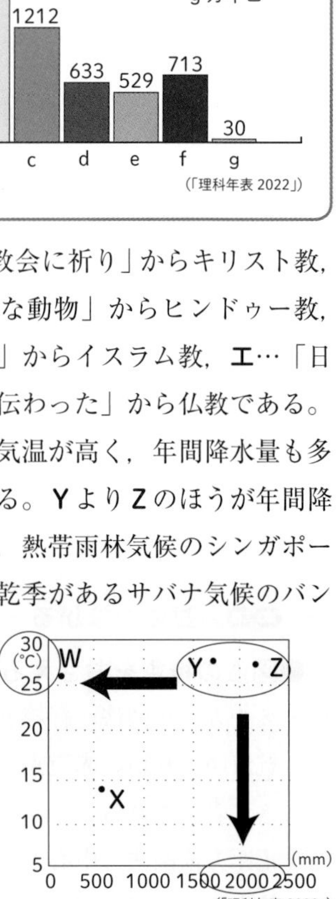

(「理科年表 2022」)

確認 **〈表形式の問題〉**

下の表中**ア**～**エ**はそれぞれ，パース（オーストラリア），シャンハイ（中国），モスクワ（ロシア），ロンドン（イギリス）のいずれかの都市である。**ア**～**エ**の都市名をそれぞれ答えなさい。

	平均気温（℃）		平均降水量（mm）	
	1月	7月	1月	7月
ア	5.7	19.0	59.7	47.2
イ	24.7	13.0	15.2	137.1
ウ	－6.2	19.7	53.2	83.8
エ	5.0	28.8	67.5	144.1

（「理科年表 2022」）

〈考え方〉

イ…７月の平均気温が１月の平均気温より低いので南半球の都市のパース，**ウ**…１月の気温が低いのでモスクワ（冷帯），**エ**…７月の降水量が多いのでシャンハイ（温暖湿潤気候）。**ア**…温暖で降水量がほぼ同じなのでロンドン（西岸海洋性気候）。

答え　**ア**…ロンドン，**イ**…パース，
　　　ウ…モスクワ，**エ**…シャンハイ

2 (1)特徴《とくちょう》的な住居や伝統的な衣服をおさえる。**ア**…「暑さや湿気」や「高床の住居」などから東南アジア，**イ**…「窓が小さく」や「石でつくられた壁」などからヨーロッパ，**ウ**…「永久凍土」や「高床」からロシア，**エ**…「イグルー」などから寒帯地域となる。

●乾燥した地域の住居は日干しれんがでつくられ，衣服は日差しや砂ぼこりをさける服である。

(2)小麦は比較的《ひかくてき》降水量が少ない地域で栽培される（ヨーロッパなど）。

●米は降水量が多い地域で栽培される（東アジアや東南アジア）。

3 南半球に冷帯（亜寒帯）がないことから，**b**・**c**はアフリカ大陸，南アメリカ大陸のどちらかとなる。サハラ砂漠があるアフリカ大陸の方が乾燥帯の割合が高いため**c**，熱帯の割合が高い**b**が南アメリカ大陸と判断する。**a**・**d**…中東地域やモンゴルの砂漠などを考え，乾燥帯の割合が高い**a**がユーラシア大陸，**d**が北アメリカ大陸と判断する。

入試につながる

●乾燥帯の気候とそこに住む人々の生活をおさえる

・乾燥帯はおもに回帰線付近に分布している。

・イスラム教を信仰している人が多い。

→ただし，イスラム教を信仰している人口が最も多い国は，赤道付近にあるインドネシア。

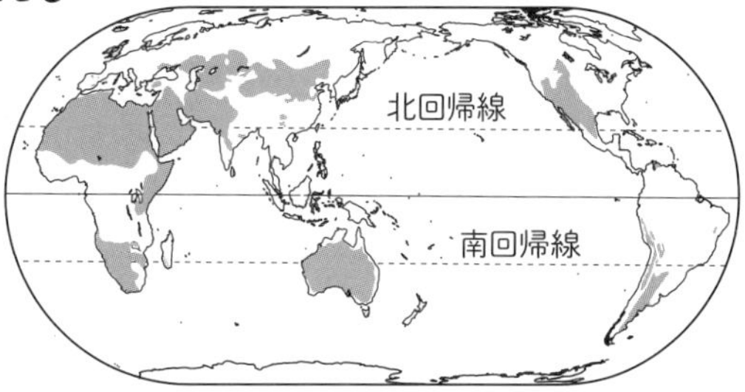

地理３

第３回 世界の諸地域

本冊 p.12〜15

ステップ２

1　(1)フィヨルド　(2)ライン(川)　(3)**イ**　(4)①**D**　②**C**　③**B**　(5)①北大西洋　②偏西風
(6)**イ**　(7)**ウ**　(8)**X**④　**Y**②　**Z**③　(9)モノカルチャー経済　(10)レアメタル

2　(1)①**b**　②**a**　③**ウ**　④**イ**　(2)経済特区　(3)**c イ**　**d ア**　**e ウ**　(4)①夏　②**f**

3　中国**a**　ブラジル**e**　オーストラリア**d**

解説

1 (1)スカンディナビア半島など，フィヨルドが見られるおもな地域は以下の通り。

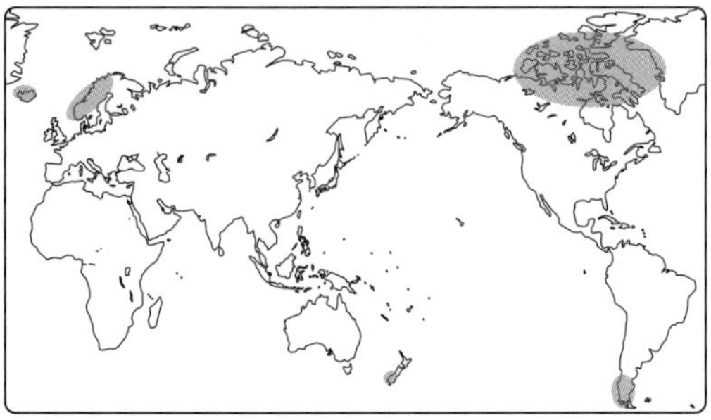

(2)国際河川とは，複数の国の領土を流れ，条約を結んだ沿岸の国が自由に航行できる河川のことである。

(3)スペインやイタリア，ギリシャなどの国を通過する北緯40°の緯線は，日本では秋田県や岩手県を通過する。ヨーロッパのおもな国と日本の都市の位置関係に注意しよう。

◆おもな都市のおよその緯度
北緯51°…ロンドン
北緯43°…札幌
北緯38°…アテネ

(4)**A**…ノルウェー，**B**…イギリス，**C**…ドイツ，**D**…フランス，**E**…イタリア。
①…「EU最大の農業国」からフランス，②…「EU最大の工業国」からドイツ，③…「ゲルマン系言語」，「EUを離脱」からイギリスとなる。

◆混合農業
ドイツを中心にヨーロッパ北部でさかん。

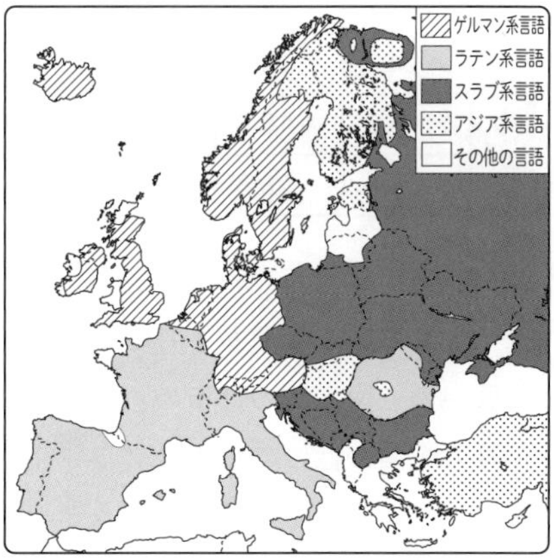

(「ディルケアトラス」ほか)

◆おもなキリスト教の宗派
・ゲルマン系言語の地域…プロテスタント
・ラテン系言語の地域…カトリック
・スラブ系言語の地域…正教会

(6)赤道と本初子午線はギニア湾《わん》沖で交差する。

(7)カカオはコートジボワールとガーナで世界の生産量の50%以上を占めている（2019年）。

(8)①エジプト，②ケニア，③ザンビア，④ナイジェリアである。ケニアでは茶の生産と輸出がさかんである。

(9)効率の面では１種類の作物の栽培に特化したほうがよいが，国際価格の下落があると農家の生活が苦しくなる。こういった現状に対処する手段の１つとしてフェアトレードがある。

(10)おもなレアメタルとして，マンガンやクロム，コバルトなどがある。

2 (1)**ア**は茶，**イ**は小麦，**ウ**は米の生産量を示したグラフである。生産量が１位中国，２位インドという農作物は，３位まで覚えるようにしよう。

◆中国の農業

黄河《こうが》流域…小麦
長江《ちょうこう》流域…稲作《いなさく》
西部…牧畜《ぼくちく》

(2)中国では，経済特区のある沿岸部と，内陸部との経済格差が大きな問題になっている。

(3)東南アジアにはさまざまな民族が暮らしており，言語も宗教もさまざまである。

◆東南アジア諸国のおもな宗教

タイ(**e**)・ベトナム…仏教
インドネシア(**d**)・マレーシア…イスラム教
フィリピン(**c**)…キリスト教

(4)インドでは，**f**のガンジス川流域と季節風の影響を受ける沿岸部で稲作が，北部の乾燥地帯で小麦の栽培がさかんである。

3 **a**…「衣類」などから中国，**d**…「鉄鉱石」と「石炭」などからオーストラリア，**e**…「大豆」と「鉄鉱石」からブラジルとなる。**b**…アメリカ合衆国《がっしゅうこく》，**c**…ロシア，**f**…カナダである。国ごとに特徴ある輸出品をおさえておこう。

◆アジア諸国のおもな輸出品

インド…石油製品，機械類，ダイヤモンド
フィリピン…機械類，野菜・果物，精密機械
マレーシア…機械類，石油製品，液化天然ガス

入試につながる

●各国の貿易相手国をおさえる

・各国間で貿易の自由化などが進められている。そのため，貿易相手国上位は近隣《きんりん》諸国が多くなっている。(例　ヨーロッパ諸国→EU加盟国，アメリカ→カナダ，メキシコ)。
・オーストラリアの貿易相手国１位はイギリス→日本→中国と変化している。
→かつては，イギリスの植民地であったが，イギリスのEU加盟後に，貿易相手国は当時の経済大国の日本に，そして現在は経済発展が著しい中国へと変化している。

日本の産業

本冊 p.16～19

ステップ2

1 (1)**イ** (2)①**ウ** ②リアス海岸 (3)**Y** (4)**A イ** **B ウ** **C ア** (5)米**ウ** 畜産物**ア**
(6)栽培方法：促成栽培
理由：(例)他の地域の供給量が少ないときに出荷すると高い価格で売れるから。

2 (1)(約) 750(m) (2)**ア**

3 千葉県**エ** 東京都**ア** 北海道**イ** 山口県**ウ**

4 大阪府**ウ** 千葉県**ア** 福岡県**イ** 北海道**エ**

解説

1 (1)覚える山地・山脈などは以下の通り。

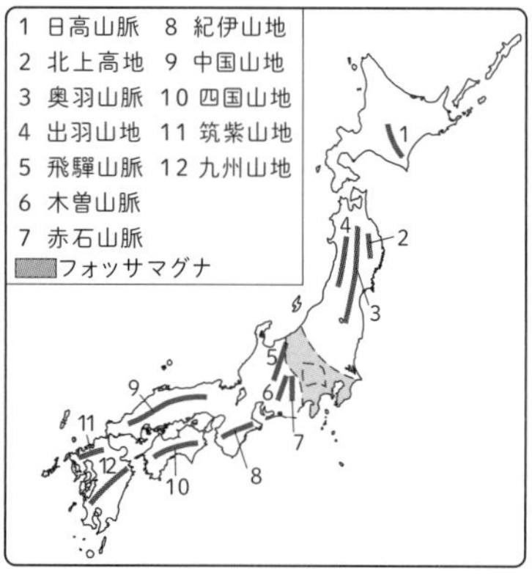

中国《ちゅうごく》山地・筑紫《つくし》山地…なだらか
四国《しこく》山地・九州《きゅうしゅう》山地…険しい

(2)(3)暖流は，低緯度《いど》から高緯度へ，寒流は高緯度から低緯度へ向かって流れる。日本周辺の海流と季節風の向きは以下の通り。

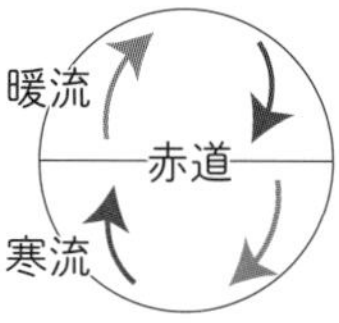

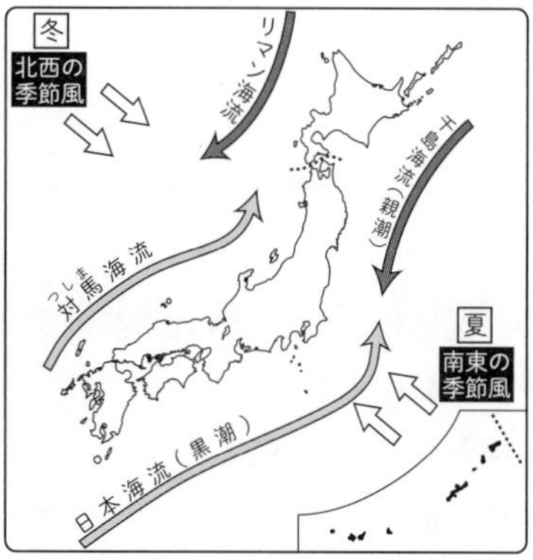

(4)**A** 秋田《あきた》市…日本海側の気候，**B** 松本《まつもと》市…内陸の気候，**C** 高松市…瀬戸内の気候である。
イ…年間降水量が多いことから日本海側の気候の秋田市。**ア**と**ウ**…1月の平均気温から**ア**が瀬戸内の気候の高松市，0℃未満になっている**ウ**が松本市である。

◆年間降水量と気候区分
年間降水量が多い
・太平洋側，日本海側，南西諸島
年間降水量が少ない
・北海道，内陸，瀬戸内

(5)**ウ**…米は以前と比べて消費量が減っていることから構成比も低くなっている。**ア**…畜産物は構成比が最も高い。**イ**が果実，**エ**は野菜，**オ**は麦類である。

農業産出額構成比には各都道府県の特徴《とくちょう》が出ている。

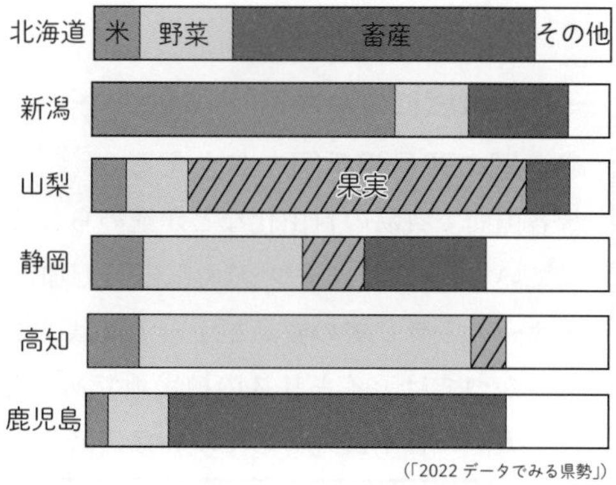

(「2022 データでみる県勢」)

◆**おもな農産物の生産地**

・肉牛…北海道・鹿児島・宮崎
・米…新潟・北海道・秋田
・ぶどう…山梨・長野・山形《やまがた》
・みかん…和歌山《わかやま》・愛媛《えひめ》・静岡
・なす…高知・熊本《くまもと》・群馬

2 (1)約 3 cm × 25000 = 約75000cm = 約750m

(2)**ア**…辺の長さを実際の距離にすると,

2 cm × 25000 = 50000cm = 0.5km

縦 × 横で面積を求めると,

0.5km × 0.5km = 0.25km^2。

イ…北西ではなく北東。**ウ**…周辺の土地には果樹園が広がっている。**エ**…発電所の近くにあるのは神社。

3 (1)**ア**…昼夜間人口比率などから東京都, **エ**…昼夜間人口比率などから千葉県, **イ**…第３次産業有業者割合から北海道となる。

◆**昼夜間人口比率**

昼夜間人口比率が100%を超えていると, 近隣の県から多くの人が通勤・通学していることになる。

〈100%を超《こ》える都府〉
・東京117.8, 大阪104.4, 京都《きょうと》101.8
〈90%を下回る県〉
・埼玉《さいたま》88.9, 千葉89.7　(2015年)

・第３次産業有業者の割合（全国）72.5%
・第３次産業有業者割合が高い都道府県
東京83.7, 沖縄《おきなわ》80.7, 神奈川《かながわ》78.1, 千葉77.6, 北海道76.5, 福岡75.8
⇒人口が多い, もしくは観光業がさかんな都道府県　(2017年)

都道府県ごとの製造品出荷額割合からそれぞれの都道府県の工業の特徴が分かる。

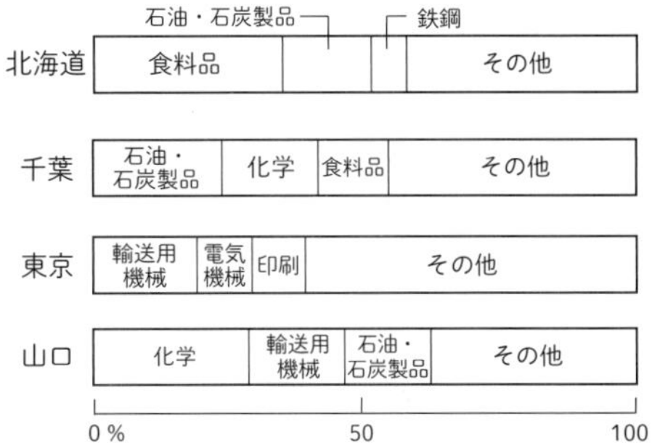

(2019年)　(「2022データでみる県勢」)

4 **ア**…成田国際空港（千葉県）は国際線の利用者数が最も多い空港である。**ウ**…国際線の利用者数から関西国際空港がある大阪府, **エ**…貨物輸送量が多いことから北海道となる。人口が多く首都にある羽田（東京国際）空港以外に国内線の利用者が多い空港は, 新千歳《しんちとせ》空港（北海道）, 福岡空港, 沖縄空港と, 首都から離れたところに位置している。

入試につながる

●**都道府県の製造品出荷額等割合のグラフから, どこの都道府県のグラフかを判別する**

・食料品の割合が30%以上…沖縄県・北海道・鹿児島県
・輸送用機械の割合が30%以上…愛知《あいち》県・群馬県・広島《ひろしま》県・福岡県
・石油・石炭製品の割合が20%以上…千葉県・和歌山県
・印刷の割合が高い…東京都・埼玉県

第5回 日本の諸地域

本冊 p.20～23

ステップ2

1 (1)ウ (2)ア (3)イ (4)(例) 夏の南東の季節風が，親潮に冷やされるから。 (5)知床《しれとこ》半島
(6)東京都ア 新潟県エ 北海道イ 山梨県ウ (7)①オホーツク ②北洋

2 (1)A琵琶《びわ》(湖) B淀(川) C紀伊(山地) (2)高松(市) (3)イ

3 大分県イ 沖縄県エ 鹿児島県ウ 鳥取県ア

4 エ

解説

1 (2)石狩平野では稲作，十勝平野では畑作と酪農，根釧台地では酪農がさかんである。

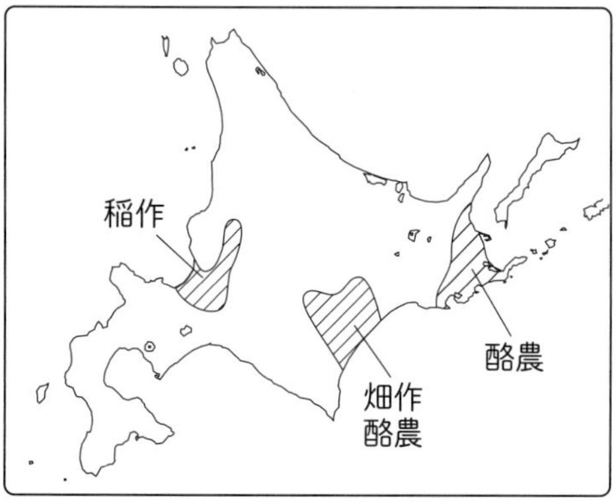

(3)日高山脈は北海道唯一《ゆいいつ》の山脈である。

(4)北海道東部の太平洋側では，寒流の千島海流（親潮）によって季節風が冷やされ，濃霧が発生しやすいため，夏でも晴れの日が少なく低温になりやすい。

(5)世界自然遺産に登録されている知床半島では，エコツーリズムがさかんとなっている。エコツーリズムとは，ガイドとともに森林を歩いたり，川でカヌーに乗ったりすることで，自然環境《かんきょう》を学ぶ観光のことであり，生態系の保存と観光の両立を目指している。

(6)**エ**…米の割合が高いことから新潟県，**ア**…米はほとんど生産されていないことから東京都と判断する。**ウ**…その他（この場合は果実）の割合が高いことから山梨県，残る**イ**が北海道となる。

(7)北海道では，沖合漁業や沿岸漁業のほかに養殖《ようしょく》業や栽培漁業もさかんに行われている。

◆養殖業と栽培漁業
・養殖業…いけすの中で，魚介《ぎょかい》類を商品として売れる大きさになるまで育ててから漁獲する漁業。
・栽培漁業…卵から稚魚《ちぎょ》になるまで育てて放流し，育ってから漁獲する漁業。

2 (1)A…琵琶湖周辺では赤潮の原因の一つであるリンを含《ふく》む家庭用の合成洗剤《せんざい》の使用が禁止されている。B…淀《よど》川は，琵琶湖から大阪湾《わん》へと流れている。C…紀伊《きい》山地は年間の降水量が多いため，樹木の生長が早く，林業がさかんである。「吉野《よしの》すぎ」や「尾鷲《おわせ》ひのき」は高品質な木材ブランドとして知られている。

(2)日本の標準時子午線が，兵庫県明石《あかし》市を通過する東経135度の経線であることから考える。東経134度の経線と，中国・四国地方の県名と県庁所在地名が異なる県庁所在地は次の図の通り。

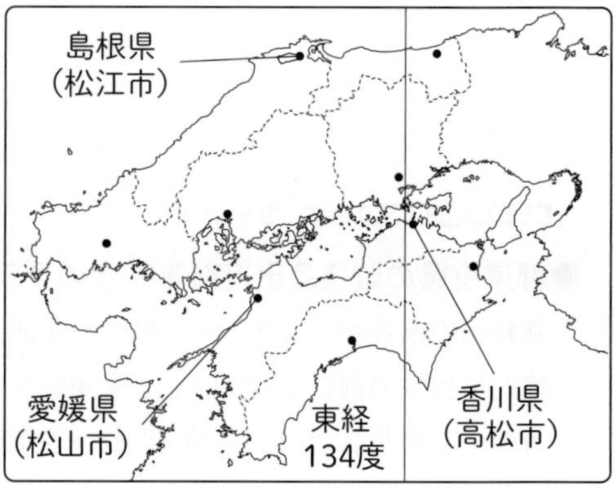

(3)**ア**…化学工業の割合が最も高いことから京葉，**ウ**…次に化学工業の割合が高いことから瀬戸内，**エ**…機械工業の割合が高いことから東海と判断できる。

3 エ…第３次産業有業者割合が最も高いので沖縄県，**ウ**…農業産出額（畜産）が高いので鹿児島県，**イ**…製造品出荷額等が高いので大分県となる。人口が少ない県は，鳥取県（約55万人），島根県（約67万人），高知県（約69万人），徳島県（約72万人），福井県（約77万人）である（2020年）。

・九州地方で製造品出荷額が高い県とさかんな工業
　福岡県…自動車工業
　大分県…自動車工業，化学工業
・九州地方で畜産業がさかんな県
　鹿児島県，宮崎県，熊本県

4 ウ…面積から岩手県，**ア**…都県内総生産や食料自給率から東京都，**イ**…面積や人口増加率から埼玉県となる。人口増加率とは，ある地域において，一定期間のうちに増加した人口の割合のこと。東京都や埼玉県以外のおもな人口増加率がプラスの県は，神奈川県，愛知県，福岡県，沖縄県などである。都道府県別の食料自給率とは，各都道府県内で消費される食料のうち，どれだけが各都道府県で生産されているかを示す割合のこと。食料自給率が高い都道府県は，農業がさかんな都道府県である。岩手県以外に食料自給率が高いおもな道県は北海道，青森県，秋田県，山形《やまがた》県，新潟県，佐賀《さが》県などである。都道府県内総生産とは，県内で産み出された生産物の総額から経費を引いたものである。数字が高いほど，その都道府県は生産活動がさかんであるといえる。東京都や埼玉県以外に県内総生産が高いのは愛知《あいち》県，大阪府，神奈川県，千葉県，兵庫県などである。

入試につながる

●地名を見たら，その場所を地図帳で確認する

・最上川や山形盆地《ぼんち》など地名を見かけたら，必ず地図帳で場所を確認するようにする。
・平野や盆地は，流れている河川も確認するようにしよう。
・地図帳にはいろいろな統計資料も載《の》っているので，それらにも目を通してみよう。入試では，初めて見る資料が多いので，いろいろな資料に慣れておくとよい。

歴史1

第6回 文明の起こりと古代日本の歩み

本冊 p.24~27

ステップ2

1 (1)**X**イエス **Y**○ (2)**ア**8(世紀) **イ**紀元前1(世紀) **ウ**16(世紀)
(3)①**シ** ②**イ** ③**オ** ④**ア** ⑤**エ** (4)①**ア** ②**ウ** ③**エ**

2 (1)国名：殷 文字：甲骨文字 (2)儒学(儒教) (3)(秦の)始皇帝 (4)万里の長城
(5)シルクロード(絹の道) (6)**X→Z→Y**

3 (1)**ウ** (2)聖武(天皇) (3)**イ** (4)天台(宗)
(5)(例)阿弥陀仏にすがり，死後に極楽浄土に生まれ変わることを願う信仰。
(6)岩手県 (7)①**オ** ②**ウ** ③**ア** ④**ア**

4 (1)**ア→ウ→イ** (2)**ウ→イ→ア** (3)**イ→ア→ウ**

解説

1 (2)世紀から西暦への変換もできるようにする。

確認 ①8世紀 ②12世紀 ③21世紀は何年から何年を指す？
→①701年～800年，②1101年～1200年，③2001年～2100年

(3)各時代の始まりに近い年号やできごとを覚えておくとよい。

縄文…1万年前
弥生…紀元前4世紀
古墳…3世紀
飛鳥…593年（聖徳太子が摂政《せっしょう》になる）
奈良…710年（平城京）
平安…794年（平安京）
鎌倉…1192年（征夷大将軍《せいいたいしょうぐん》 源頼朝《みなもとのよりとも》）
室町…1338年（征夷大将軍 足利尊氏《あしかがたかうじ》）
安土桃山…1573年（室町幕府滅亡《めつぼう》）
江戸…1603年（征夷大将軍 徳川家康《とくがわいえやす》）
明治…1868年（五箇条《ごかじょう》の御誓文《ごせいもん》）
大正…1914年（第一次世界大戦）
昭和…1929年（世界恐慌《きょうこう》）

(4)時代の順番を覚えた後，時代区分と各時代を対応させて覚える。一般に古代は武士が誕生する前まで，中世は江戸幕府成立の前まで，近代は昭和の太平洋戦争の終結までである。

2 (1)中国の王朝名（国名）はその時に活躍《かつやく》した日本の人物もしくは時代とつなげて覚える。

漢…奴国王，魏…卑弥呼，隋…聖徳太子，
唐…中大兄皇子～桓武天皇，宋…平清盛，
元…北条時宗《ほうじょうときむね》，明…足利義満《よしみつ》～徳川家康，
清…徳川家光《いえみつ》～日清《にっしん》戦争，
中華民国《ちゅうかみんこく》…大正《たいしょう》～戦後

(3)始皇帝は統一した国をまとめるために，文字，貨幣《かへい》などを統一した。
(5)シルクロードは，西アジアや地中海地域（ローマ帝国）と中国（漢）を結ぶ交通路で，西方へは中国の絹などが，西方からは馬やぶどうなどがもたらされた。
(6)以下の通りである。
紀元前8世紀…ギリシャのポリス成立（**X**）
紀元前6世紀ごろ…シャカが仏教を開く（**Z**）
紀元前202年…漢が中国を統一する（**Y**）

3 (1)**ア**…936年，**イ**…960年，**ウ**…610年ごろ，**エ**…1096年のできごと。

世界のできごとは，日本のいつの時代に起こったのかを大まかに捉《とら》える。
・高麗の統一と宋の成立は平安前期
・イスラム教成立は聖徳太子の時代
・十字軍遠征開始は院政の時代

(2)聖武天皇は奈良時代の天皇で，仏教の力で，伝染病《でんせんびょう》や災害などから国を守ろうとした。また，行基に大仏づくりの協力をさせた。

(3)**ア**…鎌倉時代，**ウ**・**エ**…平安時代の作品である。作品などはどの時代のものかをおさえておこう。

> 【飛鳥文化】
> 法隆寺・法隆寺の釈迦三尊像《しゃかさんぞんぞう》
> 【天平文化（奈良)】
> 古事記・日本書紀・風土記・万葉集
> 正倉院（校倉造《あぜくらづくり》)
> 【国風文化（平安)】
> 仮名文字・古今和歌集・源氏物語（紫式《むらさきしき》部《ぶ》)・枕草子《まくらのそうし》（清少納言《せいしょうなごん》)・寝殿造・平等院鳳凰堂（藤原頼通)

(4)最澄－天台宗－延暦寺《えんりゃくじ》，空海－真言宗－金剛《こんごう》峯寺《ぶじ》をセットで覚えておこう。

(5)このころ人々は，シャカが亡くなって2000年目にあたる年になったと信じ，その後は世の中が乱れるという思想が広まって，皇族や貴族の間では浄土信仰がさかんになった。平等院鳳凰堂もこの信仰によって造られた。

(6)おもな遺跡や建築物はどの都道府県にあるかをおさえておく。

> 【古墳】
> 大仙古墳（大阪府)，稲荷山《いなりやま》古墳（埼玉《さいたま》県)，江田船山《えたふなやま》古墳（熊本《くまもと》県)
> 【平安】
> 延暦寺（滋賀《しが》県・京都府)，金剛峯寺（和《わ》歌山《かやま》県)，厳島《いつくしま》神社（広島《ひろしま》県)

(7)**ア**…飛鳥時代から奈良時代，**イ**…奈良時代，**ウ**…奈良時代から平安時代，**エ**・**オ**…平安時代。①…白河上皇（平安)，②…平安京遷都（桓武天皇)，③…平城京遷都，④…飛鳥時代のできごとである。

4 (1)**ア**…１世紀，奴国王が金印を授かる。**イ**…５世紀（古墳時代)，中国の南朝に朝貢した。**ウ**…３世紀，邪馬台国の卑弥呼。

(2)富本銭は天武天皇の時代につくられた。

(3)保元の乱→平治の乱という順番である。

入試につながる

●歴史用語や人物は何時代のものなのかを必ず確認する

・並べ替え問題などに対応するために，必ず時代を古い順から覚える。
・古事記，日本書紀は奈良時代，源氏物語は平安時代など，いつの時代の作品かを確認する。
・入試では，寺院や仏像などの写真が出題される場合もあるので，寺院や仏像などは教科書や資料集で確認しておく。

歴史２

第７回 封建社会の成立と中世の世界

本冊 p.28〜31

ステップ２

1 (1)a 壇ノ浦の戦い　記号**エ**　(2)藤原純友　(3)**ウ→イ→ア→エ**　(4)御家人　(5)平家物語
(6)後醍醐天皇　(7)**ウ**　(8)徳政令　(9)雪舟　(10)**ア**　(11)**エ**

2 (1)①北条泰時　②執権　③ a 守護　b 頼朝
(2)①明　②**エ**　③(例)正式な貿易船と倭寇を区別するため。　④狂言

3 (1)惣(惣村)　(2)馬借　(3)座　(4)足利義政
(5)(例)身分が下の者が，身分が上の者を倒すこと。　(6)町衆

解説

1 (1) a の壇ノ浦の戦いは，現在の山口県で起こった源平最後の戦いである。地図中の**ア**は平泉《ひらいずみ》，**イ**は下総《しもうさ》，**ウ**は京都を示している。

> **◆おもな戦い・反乱**
> 平将門・藤原純友の乱…地方武士の反乱
> 保元・平治の乱→平氏の台頭
> 壇ノ浦の戦い…平氏の滅亡
> 承久の乱→幕府の全国支配の確立
> 応仁の乱→下剋上の世へ

(2)藤原純友は伊予《いよの》国(現在の愛媛県)の役人だった。瀬戸内海周辺の海賊《かいぞく》らと朝廷に対して反乱を起こしたが，武士に鎮圧《ちんあつ》された。関東地方で反乱を起こしたのが，平将門である。

(3)**ア**は1159年，**イ**は1156年，**ウ**は1086年，**エ**は1167年のできごとである。平安時代のおもな権力者の順番は，桓武天皇→藤原道長→白河上皇→平清盛である。平清盛は保元の乱，平治の乱に勝利し，太政大臣となった。

(4)御家人とは，将軍と主従関係を結んだ武士のことをいう。

(5)平家物語は，平家一門の盛衰《せいすい》を描《えが》くとともに世のはかなさを説いた軍記物である。琵琶法師の語りにより，武士や庶民《しょみん》の間に広まっていった。

(6)後醍醐天皇は，２度倒幕計画を進めたが，いずれも失敗した。

(7)正長の土一揆は1428年のできごとである。**ア**は1519年，**イ**は７世紀ごろ，**ウ**は1429年，**エ**は1206年のできごとである。

(8)徳政令が最初に出されたのは，鎌倉時代後半の1297年であるが，室町時代に入り庶民の力が強くなると，しばしば徳政を要求する一揆が起こった。

(9)雪舟は室町時代の水墨画家である。

(10)加賀の一向一揆では，一向宗（浄土真宗）の信徒らが守護大名を滅ぼし，約100年間自治を行った。

(11)おもな一揆と乱の順番は，正長の土一揆→応仁の乱→山城国一揆→加賀の一向一揆となる。

2 (1)①この資料は，鎌倉幕府第３代執権である北条泰時が制定した御成敗式目である。資料を見て，御成敗式目とわかるようにすること。

> **◆鎌倉時代の執権**
> 北条時政《ときまさ》…源頼朝の妻・北条政子の父で，初代執権として政治の実権を握った。
> 北条泰時…御成敗式目を制定した。
> 北条時宗…元寇を退けた。

②有力な御家人をまとめた北条氏が執権の地位を独占《どくせん》した。この政治を執権政治という。幕府の将軍の補佐役は，鎌倉―執権，室町―管領，江戸―老中である。

③ a の守護には，御家人が任命され，国内の御家人の統率，軍事・警察などにあたった。

(2)①足利義満は，明の倭寇の取り締まり要求と貿易の利益に目をつけ，貿易による利益を幕府のものにしようとして，明との貿易を始めた。勘合貿易は，寺院や大名，堺《さかい》や博多の商人などが行い，その利益は幕府の大きな財源となった。

③14世紀後半，九州北部や瀬戸内海沿岸の武士や漁民などが，集団で海賊行為を働いたり，朝鮮や明の沿岸で貿易を強要したりして，倭寇とよばれた。この倭寇と正式な貿易船を区別するために，正式な貿易船には，勘合とよばれる合い札が交付され，明でもう片方と照合された。

◆中世の貿易

日宋貿易…12世紀後半，平清盛が進めた。兵庫《ひょうご》の港を修築した。

日明貿易…1404年，足利義満が始めた。明に朝貢する形の貿易。

④狂言は能の合間に演じられた，人々の失敗などをもとにした喜劇である。

3(1)惣とは，農民らが団結して自分たちで運営した組織（村）である。有力者が中心となって寄合を開き，村のおきてをつくったり，犯罪者を処罰したりした。

(3)商人らは座をつくり，特定の貴族や寺社に税を納めるかわりに営業を独占した。

(4)足利義政のとき，将軍のあとつぎ問題をめぐる，細川《ほそかわ》氏と山名《やまな》氏の対立が深まり，応仁の乱が起こった。

(6)京都では町衆《ちょうしゅう》とよばれる裕福《ゆうふく》な商工業者による自治が行われた。

入試につながる

●何の資料か判別できるようにする

・教科書に掲載《けいさい》されている資料は，入試によく出題されるので，資料中のキーワードを覚え，何の資料かわかるようにする。

→(例)「頼朝公」「恩」…北条政子の訴え，「守護の職務」…御成敗式目，
「祇園精舎《しょうじゃ》の鐘《かね》の声」…平家物語，「このごろ都ではやるもの」…二条河原落書《にじょうがわらのらくしょ》

第8回 歴史3

ヨーロッパの発展と封建社会の確立

本冊 p.32~35

ステップ2

1　(1)Bフランシスコ・ザビエル　F水野忠邦　(2)Ⅰイエズス　Ⅱ関ヶ原　Ⅲ享保　Ⅳ天保
(3)ア　(4)宗教改革　(5)千歯こき　(6)株仲間　(7)イ・エ・オ　(8)イ
(9)(例)一揆の中心人物を特定できないようにするため。

2　(1)①A　②鉄砲(火縄銃)　③愛知(県)
(2)①刀狩令　②(例)武士と農民の身分の区別をはっきりさせること。　③千利休

3　(1)エ→ウ→イ→ア　(2)ウ　(3)イ　(4)対馬(藩)　使節：朝鮮通信使　(5)薩摩(藩)
(6)オランダ・清(中国)

解説

1(1)Bカトリック教会は，プロテスタントに対抗するためイエズス会をつくり，海外で布教することによりカトリックの勢力回復を目指した。F天保の改革を進めた水野忠邦は，倹約《けんやく》令《れい》を出してぜいたく品を禁止するとともに，物価を引き下げるため，株仲間の解散を命じた。また，江戸への出かせぎを禁止し，江戸に出ている農民を村に帰した。

(2)Ⅱ関ヶ原の戦いでは，1600年，豊臣側の西軍と徳川側の東軍が戦った。勝った徳川家康は江戸に幕府を開いた。Ⅲ享保の改革とは，8代将軍徳川吉宗が進めた政治改革である。享保の改革では，上げ米の制のほか目安箱の設置や新田開発，公事方御定書の制定などが行われた。

◆江戸時代の改革
徳川吉宗…享保の改革（1716年～）
松平定信…寛政の改革（1787年～）
水野忠邦…天保の改革（1841年～）
人物名と改革名と年号を覚える。

(3)コロンブスは，1492年，スペインの支援を受けて，西インド諸島に到達した。

(4)ドイツ人のルターは，聖書の教えによってのみ救われると説いた。ルターやカルバンの教えはドイツ，フランス，イギリスなどに広まった。

(5)江戸時代には，脱穀《だっこく》のための千歯こきや，田畑を深く耕すことができる備中ぐわなど，農具の改良が進んだ。

(6)株仲間は，江戸時代，幕府や諸藩により，営業の独占を許された商工業者の同業組合である。田沼意次のときに結成が奨励され，結成が進んだ。

◆同業組合
室町時代…座
江戸時代…株仲間

(7)三都とは，江戸・大阪・京都のことである。大阪は「天下の台所」とよばれ，各大名が蔵《くら》屋敷《やしき》を設置した。

(8)ア…1688年，イ…1775年～，ウ…1519年，エ…14世紀ごろである。Eの田沼意次は1772年に老中に就任して経済対策を行った。

(9)「一揆の参加者が連帯して責任を取ることを表すため」と書いてもよい。

2(1)①長篠の戦いは，織田信長・徳川家康連合軍と甲斐《かい》の武田勝頼軍との戦いであった。この戦いで，**資料Ⅰ**中で左側に位置する鉄砲隊が威力《いりょく》を発揮《はっき》し，騎馬《きば》隊で知られている武田軍を破った。
②鉄砲づくりの技術は，種子島から各地に伝わり，特に堺（大阪府）や国友《くにとも》（滋賀県）は有数の鉄砲の産地となった。

③織田信長は尾張《おわり》（愛知県）の大名であり，桶狭間《おけはざま》の戦いや長篠の戦いはともに現在の愛知県で起こった。

(2)①②**資料Ⅱ**は豊臣秀吉が出した刀狩令で，農民の一揆を防ぎ，農耕に専念させるため，農民から武器を取り上げた。刀狩と太閤検地により，武士と農民の身分が明確に分けられた。太閤検地では，年貢を確実に納めさせるために，収穫量《しゅうかく》を石高《こくだか》で示し，検地帳に耕作者，土地の質などを記した。

> **◆信長，秀吉とキリスト教**
> 信長…仏教勢力に対抗するため，キリスト教を保護。
> 秀吉…宣教師を国外に追放。ただし南蛮貿易は認めた。

③千利休は，織田信長や豊臣秀吉などに茶の湯の作法を指導した。また茶器の鑑定《かんてい》も行った。

3 (1)**ア**…1641年，**イ**…1639年，**ウ**…1637年，**エ**…1624年のことである。最後に来航が禁止となったのがポルトガル船であることに注意する。

(2)島原は長崎県，天草は熊本《くまもと》県である。

(3)このときの将軍は徳川家光である。島原・天草一揆の後，キリスト教の信者を見つけるため，絵踏を強化した。また，宗門改により，人々が仏教徒であることを寺院に証明させた。

(4)朝鮮との貿易は対馬藩の宗《そう》氏が担当し，朝鮮には貿易を行う倭館《わかん》が置かれた。朝鮮人参や生糸が輸入され，対馬藩からは銀や銅が輸出された。

(5)琉球王国からは将軍がかわるごとに慶賀使《けいがし》とよばれる使節が江戸に派遣《はけん》された。

(6)オランダや中国（清）との貿易では，生糸や絹織物，書籍《しょせき》などが輸入された。

> **◆江戸時代のおもな権力者**
> 徳川家康→徳川家光→徳川綱吉→徳川吉宗→田沼意次→松平定信→水野忠邦→井伊直弼《いいなおすけ》→徳川慶喜《よしのぶ》。
> 人物名を順番に覚え，その人物の政策をおさえていく。

入試につながる

●世界のできごとと日本のできごとの横の繋《つな》がりに注意する

・江戸時代は特に外国との繋がりがほとんどないため，世界のできごとが日本のどの時期にあったのかを注意しておさえる。

・世界で起こったできごとが，日本のできごととどのように関連していくかを考えるようにしておくと，忘れにくくなる。

(例)宗教改革，大航海時代→ザビエルの来日，南蛮貿易

アヘン戦争→大国の清が敗れたことで幕府の鎖国体制がゆらいでいく。

歴史4

第9回 欧米の近代化と近代日本の成立

本冊 p.36〜39

ステップ2

1 (1)A権利章典 B独立宣言 C人権宣言 (2)リンカン (3)ルソー (4)ナポレオン

2 (1)aペリー b徳川慶喜 c西南戦争 d韓国 (2)ウ→イ→エ→ア (3)3％
(4)法律 (5)(例)直接国税を15円以上納める満25歳以上の男子。
(6)E下関条約 Fポーツマス条約 (7)①ウ ②ア ③エ

3 (1)①アヘン ②エ (2)産業革命

4 (1)ウ (2)ア (3)エ

解説

1(1)Aピューリタン革命で勝利したクロムウェルは王政を廃止したが，クロムウェルも議会を軽視した政治を行ったため，クロムウェルの死後，王政に戻《もど》った。しかし国王が再度議会と対立したため，議会は国王を追放し，新たな国王をオランダから迎《むか》えた。これが名誉革命である。王は議会の承認なしに王権を行使することはできないとする権利章典が出された。

B17世紀以来，北アメリカにわたったイギリス人は，18世紀半ばまでに，13の植民地をつくっていた。財政が苦しくなったイギリスが植民地の人々にも新しい税をかけたため，本国からの独立を求める戦いを起こした。

C人権宣言は，自由，平等，人民主権（国民主権），私有財産の不可侵《ふかしん》など，市民革命の原理を明らかにしたことで知られている。

(2)南北戦争中，北部を率いたリンカンは，奴隷《どれい》解放宣言によって支持を広げ，勝利をおさめた。リンカンが演説の中で発した，「人民の，人民による，人民のための政治」という言葉は有名である。

(3)ルソーの考えは，アメリカの独立やフランス革命などの市民革命に大きな影響をあたえた。

◆市民革命
イギリス…ピューリタン革命→名誉革命（権利章典）
アメリカ…イギリスから弾圧→独立戦争（独立宣言，合衆国《がっしゅうこく》憲法）
フランス…フランス革命（人権宣言）

2(1)aペリーは，4せきの軍艦《ぐんかん》（黒船）で浦賀（神奈川県）沖に現れ，開国を求めるアメリカ大統領の手紙を幕府に差し出した。日本は，翌年の1854年，日米和親条約を結び，函館と下田を開いた。

(2)アは1866年，イは1862年，ウは1858～59年，エは1863年のできごと。薩英戦争は，生麦事件に対するイギリスの報復である。

(3)明治政府はこれまでの年貢《ねんぐ》を改めた地租改正により安定した税収を確保しようとした。これにより土地の所有者は，土地の所有権を認められたが，地価の3％（後に2.5％）にあたる地租を現金で納めることになった。

(4)大日本帝国憲法の制定と翌年の議会の開設により，日本は近代国家として形を整えたが，天皇に権力が集中していて，国民の人権は法律で制限された。

◆**大日本帝国憲法**
草案→伊藤博文がドイツ（プロイセン）の憲法を手本に作成
発布→1889年
天皇→主権者・神聖であり陸海軍の統帥権《とうすいけん》をもつ
国民の人権→法律の範囲内で保障＝法律により制限

(6) **E** 日清戦争の講和会議は，山口《やまぐち》県の下関市で開かれた。このとき結ばれた講和条約を，その地名をとって下関条約という。
F アメリカの仲介《ちゅうかい》により，ポーツマスで講和会議が開かれ，講和条約が結ばれた。

3 (1)インド産のアヘンをイギリスが清に密輸したのに対し，清政府がこれを取り締《し》まったため，イギリスは軍艦を送って戦争を起こした。勝利したイギリスは，清から香港を手に入れ，上海など5港を開かせた。
(2)ワットによる蒸気機関の改良などにより，工業生産に機械が使用されるようになって大量生産が可能になった。大量生産をするしくみは，社会や人々の生活に大きな変化をもたらした。

◆**アヘン戦争**
時期→1840～42年
原因→イギリスによるアヘンの密輸を清政府が厳しく取り締まったこと
結果→イギリスの勝利，不平等な南京条約の締結

4 (1) **A**…1902年，**B**…1895年，**C**…1905年，**D**…1875年のできごとである。
(2) **A**…1776年，**B**…1649年，**C**…1688年，**D**…1857～59年のできごとである。
(3) **ア**，**イ**…イギリスとの間で治外法権（領事裁判権）の撤廃に成功したのは陸奥宗光外相のときである。**ウ**…井上馨は，外国に日本の西欧化を示すための欧化政策をすすめたが，ノルマントン号事件が発生し，その外交方針が弱腰であるとの批判を受け辞職した。

入試につながる

●**並べ替え問題に対応する力をつける**
・江戸《えど》時代までは，政治の中心となる権力者を順番に覚えておくと並べ替え問題に対応しやすい。
・明治時代以降は国が政治を行っていくため，重要なできごとの年号を覚えておくと並べ替え問題に対応しやすい。

歴史5

第10回 二度の世界大戦と日本

本冊 p.40〜43

ステップ2

1 (1)第一次護憲運動 (2)民本主義 (3)山東(省) (4)レーニン (5)**エ** (6)ガンディー
(7)五・四運動 (8)**エ** (9)治安維持法 (10)**イ** (11)**ウ** (12)(例)戦前の政党政治が終わった。
(13)ポツダム宣言 (14)①**エ** ②**ウ** ③**イ** ④**ア**

2 (1)①第一次世界大戦
②(例)主戦場となったヨーロッパ諸国にかわって日本がアジアなどで貿易を進めたため，貿易額，特に輸出額が大きく伸びた。
(2)①(例)納税額の条件がなくなり，満25歳以上のすべての男子に選挙権が認められたから。
②法律名：普通選挙法，首相名：加藤高明

3 (1)**エ** (2)**エ** (3)**ウ**

解説

1 (1)1912年立憲政友会の西園寺公望《さいおんじきんもち》内閣が陸軍によって総辞職に追い込まれた。次の首相に藩閥の桂太郎が就任すると，政党や民衆などが，藩閥中心の官僚政治に反対して政党政治の確立を目指す運動を起こした。これが護憲運動である。

(2)吉野作造は，民本主義という訳語を使ってデモクラシーの本質を説いた。民本主義は普通選挙運動に大きな影響をあたえた。

(3)1914年，日本は日英同盟を理由にドイツに宣戦布告をし，ドイツが支配していた山東半島などを占領した。山東《シャントン》半島の場所は以下の通り。

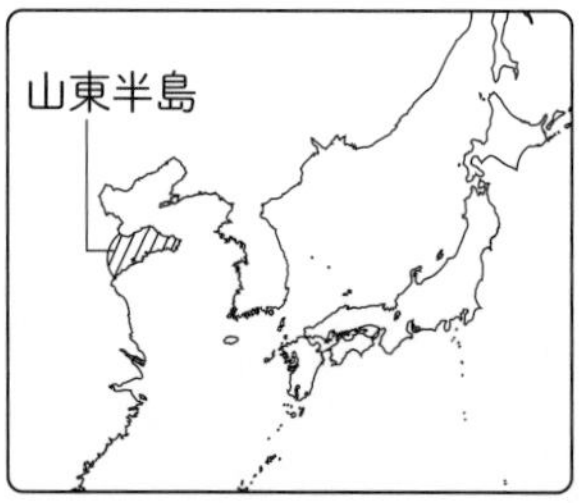

(5)シベリア出兵を見こして商人らが米の買い占めを行い，米価が上がったため，富山《とやま》県の漁村の主婦が米の安売りを求めて米屋におしかけたのをきっかけに，米騒動が全国に広がった。

(6)インドは，第一次世界大戦後に自治を認めるというイギリスとの約束をもとに，多くの兵士をヨーロッパの戦場に送った。しかしその約束が守られなかったため，ガンディーが指導する政党が中心となり，イギリスに対し非暴力・不服従の抵抗運動を起こした。

◆**各国の民族運動**
インド…非暴力・不服従運動
→ガンディーが指導者，イギリスに対し自治を求める。
中国…五・四運動
→反日運動＋帝国主義に反対する運動。
朝鮮…三・一独立運動
→「独立万歳《ばんざい》」,日本の植民地支配に反対。

(9)治安維持法は私有財産制度を否定する社会主義運動やその思想などの取り締まりのために制定された。

(10)ニューディール政策は，1933年からローズベルト大統領が行った政策である。政府が積極的に公共事業をすすめ，失業者を救済するなどした。

(11)資源のとぼしい日本は，世界恐慌でさらに深刻化した不況を克服《こくふく》しようとして，大陸侵略《しんりゃく》に乗り出した。軍部が奉天郊外《ほうてんこうがい》の柳条湖で南満州鉄道の線路を爆破して満州事変を引き起こし，満州を支配下において，翌年には満州国をつくった。

⒀ポツダム宣言には，日本の無条件降伏と日本の民主化を進める内容が盛りこまれていた。

⒁①は1945年，②は1940年，③は1937年，④は1933年のできごと。

2 ⑴第一次世界大戦ではヨーロッパが戦場となった。日本は連合国へ武器などの輸出を増やし，重工業が発達した。また，アジアやアフリカの市場から後退したヨーロッパ諸国にかわり，日本はアジアやアフリカへの輸出も増やした。

⑵①これまでは，有権者の資格に，一定額以上の国税を納める者という制限があった。

◆1925年に成立した法律

普通選挙法→1925年，満25歳以上の男子に選挙権。

治安維持法→1925年，社会主義・共産主義運動を取り締まる目的。

3 ⑴**ア**…国際協調より自国の経済を回復させることを優先したかったイギリスとフランスは，植民地貿易を増やす一方で，他国の商品には高い関税をかけた。**イ**…ファシスト党はイタリアのムッソリーニが率いていた政党である。**ウ**…世界恐慌の影響は日本にもおよび，経済の落ち込みは深刻なものとなった。

⑵**A**は1939年８月，**B**は1933年，**C**は1939年９月，**D**は1940年のできごとである。ドイツではヒトラーが政権を握《にぎ》った後，ソ連と不可侵条約を結び，ドイツ軍はポーランドへ侵攻した。

⑶ワシントン会議が開かれたのは第一次世界大戦後の1921～22年である。**ア**…ベルサイユ条約は1919年，**イ**…大西洋憲章は1941年である。

入試につながる

●まずは日本国内のできごとと世界のできごとを分けて，流れをつかむ

大正時代以降は日本と世界のできごとが絡《から》み合ってくるので，まずは日本のできごとと世界のできごとの流れをそれぞれ頭に入れていくと理解しやすい。その後，それぞれのできごとがどのように関係しているのかをつかむと理解が深まる。

歴史6

第11回 新しい世界と日本

本冊 p.44~47

ステップ2

1 (1)ⓐエ ⓑイ ⓒオ (2)①マッカーサー ②財閥解体 (3)①ニューヨーク ②ア
(4)(例)選挙権があたえられる年齢が満20歳以上に引き下げられ，女子にも選挙権が認められたから。
(5)冷戦(冷たい戦争) (6)平和主義 (7)東京《とうきょう》 (8)石油危機(オイル・ショック)
(9)①イ ②イ

2 (1)(例)地主の土地を国が買い上げ，小作人に安く売り渡した。
(2)①朝鮮戦争 ②自衛隊 ③ア

3 (1)イ (2)イ・エ (3)イ→ウ→ア→エ

解説

1 (1)ⓐ労働組合法は，第二次世界大戦後に定められた労働三法の1つで，労働三権を保障し，使用者の不当労働行為《こうい》を禁止した法律である。
ⓑ教育の民主化を進めるため，教育勅語《ちょくご》を廃《はい》止《し》し，教育基本法や学校教育法を定めた。
ⓒ1985年，雇用における男女平等を目指して男女雇用機会均等法が制定された。この法律では，募集《ぼしゅう》・採用，配置・昇進《しょうしん》の平等などを「努力義務」としていたが，1999年には，これらの差別を禁止規定に強化し，違反企業《いはんきぎょう》名を公表するなどの改正が行われた。
(2)①GHQは連合国軍最高司令官総司令部の略《りゃく》称《しょう》である。GHQの方針は，戦前の軍国主義を改め，民主主義を根づかせることを目標に定められた。
(5)第二次世界大戦後，アメリカ合衆国を中心とする資本主義諸国（西側陣営）と，ソ連を中心とする社会主義諸国（東側陣営）の対立が深まり，冷戦（冷たい戦争）とよばれるようになった。西側陣営は1949年に北大西洋条約機構（NATO）を，東側陣営は1955年にワルシャワ条約機構を結成した。
(6)戦争の悲惨《ひさん》さを反省し，日本国憲法の前文と第9条に平和主義をうたっている。第9条には，戦争の放棄《ほうき》，戦力の不保持，交戦権の否認が定められている。
(7)高度経済成長が続く中，1964年にオリンピック・パラリンピック東京大会が開かれ，それに合わせて交通や都市の整備が進んだ。同年に東海道新幹線が開通したほか，1965年には名神高速道路が全線開通した。
(8)第四次中東戦争が起こると，産油国であるアラブ諸国は，交戦国イスラエル側に立つ西側諸国に対抗して，石油価格の大幅な引き上げと，石油の供給制限を実施した。これにより，石油に依存《いぞん》する西側諸国が，経済的に大きな打撃《だげき》を受けたことから，このできごとは石油危機（オイル・ショック）とよばれている。
(9)①は1968年，②は1965年のできごとである。

◆民主化政策
財閥解体→三井・三菱などの財閥を解体。
農地改革→自作農の増加。
教育制度→教育勅語廃止，教育基本法公布。
労働法→労働組合法，労働基準法などを制定。

2 (1)第二次世界大戦後，農村の民主化をはかるため，農地改革が行われた。土地を地主から借りて耕作する小作人が多かったが，村に住んでいない地主（不在地主）の全耕地と在村地主の約1ha（北海道は4ha）以上の耕地は国が買い上げて，もとの小作人に安く売り渡した。これによって自作農が大幅に増え，地主が農村を支配する力はおとろえた。

(2)朝鮮は，主義の異なる２つの国に分けられたため，互《たが》いに対立し合う要素をもっていた。朝鮮戦争が始まると，GHQ（連合国軍最高司令官総司令部）の指令で，警察予備隊がつくられた。この警察予備隊は次第に強化され，1954年には自衛隊となった。

◆GHQの占領政策の転換
冷戦の始まり→朝鮮戦争の勃発《ぼっぱつ》→警察予備隊の設置→サンフランシスコ平和条約の調印→自衛隊の発足。

3(1)**ア**…治安維持法は1925年に制定された，共産主義運動や，天皇制，私有財産制度を否定する運動を取り締まる法律である。**ウ**…財閥とは，三井・三菱・住友《すみとも》・安田《やすだ》などの資本家のことで，金融《きんゆう》や貿易などさまざまな業種に進出して日本経済を支配するようになった。GHQは財閥が日本の軍国主義を支援していたと考え，解体を命じた。**エ**…戸主制度とは明治《めいじ》時代の民法に規定されていたもので，戸主（家長）にすべての権限がある制度である。日本国憲法における男女平等に基づき，改正民法では新たな家族制度が定められた。

(2)**ア**…1956年のできごと。日本はソ連と国交を回復して国際連合に加盟した。**イ**…1965年，**ウ**…1951年，**エ**…1972年のできごとである。

(3)**ア**…1967年，**イ**…1945年，**ウ**…1955年，**エ**…1972年のできごとである。

入試につながる

●同年に起きたできごとはセットで覚える
・1951年…サンフランシスコ平和条約，日米安全保障条約
・1956年…日ソ共同宣言，日本の国際連合加盟
・1964年…東海道新幹線開通，東京オリンピック・パラリンピック開催
・1972年…沖縄の日本復帰，日中共同声明

公民1

第12回 人権の尊重と日本国憲法

本冊 p.48～51

ステップ2

1 (1)①公布…1946年11月3日，施行…1947年5月3日 ②平和主義
③(例)法律の範囲内で保障されていた。
(2)Ⅰ象徴 Ⅱ戦争 Ⅲ交戦 Ⅳ個人 Ⅴ両性 (3)ロック (4)b参政権 d社会権
(5)精神(活動)の自由 (6)勤労の義務・納税の義務

2 (1)a平等 b幸福 (2)イ (3)エ (4)C→B→A

3 (1)イ (2)エ (3)世界人権宣言

解説

1 (1)①日本国憲法が公布された11月3日は文化の日，施行された5月3日は憲法記念日となっている。
②第9条には，戦争の放棄，戦力の不保持，交戦権の否認などが定められている。
③大日本帝国憲法の下では，国民の自由や権利は法律の範囲内で認められたが，見方を変えると，国民の自由や権利は法律で制限できるということであった。

(2)Ⅰ「象徴」と位置づけられた天皇には国政に関する権能はなく，内閣の助言と承認のもとに国事に関する行為だけを行う。
Ⅱ国家として，国際紛争を解決する手段としての「戦争」を放棄している。
Ⅲ第9条第2項で戦力の不保持，「交戦権」の否認を規定しているが，他国から戦争をしかけられた場合の自衛行為は禁止されていないと解釈《かいしゃく》されている。

(3)イギリスに生まれた思想家ロックは，専制政治を批判し，民主主義思想の発展に大きな影響をあたえた。おもな著書は，『統治二論』である。

(4)b参政権には，選挙権，被《ひ》選挙権，最高裁判所裁判官の国民審査《しんさ》権，地方自治特別法の住民投票権，請願《せいがん》権などが含まれる。
d社会権には，生存権，教育を受ける権利，勤労の権利，労働基本権（労働三権）が含まれる。

(5)自由権は，身体の自由，精神の自由，経済活動の自由に大別される。

◆自由権の分類
身体の自由→奴隷的拘束《どれいてきこうそく》・苦役《くえき》からの自由，法定手続きの保障，不当逮捕《たいほ》に対する保障，住居の不可侵《ふかしん》，黙秘《もくひ》権の保障など。
精神の自由→思想・良心の自由，集会・結社・表現の自由，信教の自由，学問の自由。
経済活動の自由→居住・移転・職業選択《せんたく》の自由，財産権の不可侵《ふかしん》。

(6)公務員には憲法を尊重し擁護《ようご》する義務も定められている（第99条）。また，憲法で国民に勤労の義務を課していることは珍《めずら》しく，多くの国の憲法では，国防の義務を課している。

三大原則→国民主権，基本的人権の尊重，平和主義。
三大義務→子どもに普通教育を受けさせる義務，勤労の義務，納税の義務。

2 (2)ワイマール憲法は，第一次世界大戦に敗れたドイツで制定された民主的な憲法で，生存権などの社会権が定められた。

(3)フランス革命により，国民議会は，封建制度《ほうけんせいど》を廃止《はいし》し，人権宣言を発表して，自由，平等，友愛，私有財産の不可侵など，市民社会の原理を示した。

(4)**A**：ワイマール憲法は，第一次世界大戦後の1919年にドイツで制定された。**B**：人権宣言は，1789年，フランス革命のときに出された。**C**：独立宣言は，1776年，アメリカ独立戦争のときに出された。古い順に並べ替えると，**C→B→A**となる。

◆人権思想の発達

独立宣言→アメリカ，1776年，自由・平等，革命権など。

人権宣言→フランス，1789年，人民主権など。

ワイマール憲法→ドイツ，1919年，生存権などの社会権。

3 (1)**ア**…自由権（経済活動の自由），**ウ**…参政権（請願権），**エ**…社会権（労働基本権）である。

◆社会権

生存権，勤労の権利，教育を受ける権利，労働基本権（団結権，団体交渉権，団体行動権）

※権利であり，義務でもあるのは勤労である。

※労働三法

労働組合法，労働関係調整法，労働基準法。

(2)**ア**…国民主権，基本的人権の尊重，平和主義である。**イ**…内閣の助言と承認が必要となる。**ウ**…大日本帝国憲法はドイツの憲法を参考にした。

(3)1948年，すべての人間に等しく基本的人権が保障されるべきであるという目標を掲《かか》げた世界人権宣言が発表された。1966年には人権の保障を義務づけた国際人権規約が採択された。

確認 **◆日本国憲法の重要な条文１**

次の条文の１～13にあてはまる語句は？

第13条　すべて国民は，(1)として尊重される。生命，自由及び(2)に対する国民の権利については，(3)に反しない限り，立法その他の国政の上で，最大の尊重を必要とする。

第14条①　すべて国民は，法の下に(4)であって，人種，信条，(5)，社会的身分又は門地により，政治的，経済的又は社会的関係において，差別されない。

第15条②　すべて公務員は，全体の(6)であって，一部の(6)ではない。

第19条　思想及び(7)の自由は，これを侵してはならない。

第20条　(8)の自由は，何人に対してもこれを保障する。いかなる宗教団体も，国から特権を受け，又は政治上の権力を行使してはならない。

第25条　すべて国民は，(9)で(10)な(11)の生活を営む権利を有する。

第30条　国民は，法律の定めるところにより，(12)の義務を負う。

第32条　何人も，裁判所において(13)を受ける権利を奪われない。

【答え】

１個人　２幸福追求　３公共の福祉　４平等　５性別　６奉仕者　７良心　８信教　９健康　10文化的　11最低限度　12納税　13裁判

入試につながる

●憲法や法律の用語を正確に覚える

公民分野では，条文の穴《あな》埋《う》め問題が頻出《ひんしゅつ》なので，条文は正確に覚える必要がある。学習していて出題された条文は穴埋めになった箇所《かしょ》を正確に覚えていこう。

現代の政治と社会

本冊 p.52~55

ステップ2

1 (1)①議院内閣制 ②Aエ Bイ Cウ Dア ③(例)過半数を国会議員から選ぶこと。
④(満)25(歳以上) ⑤6(年) ⑥二院制(両院制)
(2)①小選挙区比例代表並立制
②(例)両院協議会を開いても意見が一致しないとき，衆議院の議決が国会の議決となる。

2 (1)イ・ウ・カ (2)ウ

3 (1)刑事裁判 (2)(例)法廷に検察官や被告人がいるから。 (3)a良心 b法律
(4)(例)国民の中から選ばれた裁判員が重大な刑事裁判の第一審に参加する制度。 (5)公開

4 (1)ア (2)X地方税 Y地方交付税交付金 (3)ウ

解説

1 (1)①議院内閣制では，内閣は国会の信任に基づいて成立し，国会に対して連帯して責任を負う。国民は内閣総理大臣を直接選ぶことができず，国会により指名される。議院内閣制を採用している国の代表はイギリスで，これに対し，アメリカ合衆国《がっしゅうこく》では，国民によって選ばれた大統領が行政を行う大統領制を採用している。
②衆議院の内閣不信任決議と，内閣による衆議院の解散で権力の均衡《きんこう》が保たれている。
③文民の意味については，「職業軍人の経歴を持たない人」などの説がある。文民統制（シビリアンコントロール）の原則に立っている。
④被選挙権は，参議院議員と都道府県知事が満30歳以上，それ以外は満25歳以上である。
⑤任期は衆議院議員が4年，参議院議員が6年で，衆議院には解散があり，衆議院の方が国民の意見を反映しやすい。
⑥二院制には，一方の議院が議決したことを他方の議院が再検討することにより，審議を慎重に行うことができるという利点がある。この長所を生かすために，両議院は議員の選出方法や選挙区，任期，解散の有無など，いくつかの点で異なっている。
(2)①小選挙区比例代表並立制は，衆議院議員総選挙において，小選挙区制と比例代表制を組み合わせて行われる選挙制度で，小選挙区で落選しても比例代表で当選する場合がある。
②解散があり任期も短い衆議院は，参議院よりも国民の意思をより強く反映しやすい。そのため，衆議院には，参議院より優越した権限があたえられている。

衆議院議員→被選挙権は満25歳以上，任期4年，解散あり。
参議院議員→被選挙権は満30歳以上，任期は6年，解散なし。

2 (1)アは国会，オは内閣の仕事である。エの郵便事業は，長い間郵政省の管轄《かんかつ》のもとで行われてきたが，その後，日本郵政公社に移管され，2007年には，郵政事業民営化により，日本郵政グループの株式会社へ移行された。
(2)ア：請求先は首長である。イ：有権者の50分の1以上の署名が必要である。エ：請求先は選挙管理委員会である。

直接請求権の必要署名数	
有権者の50分の1以上	有権者の3分の1以上
監査請求→監査委員	首長，議員の解職，議会の解散請求→選挙管理委員会
条例の制定・改廃請求→首長	主要公務員の解職請求→首長

3 (1)刑事裁判は，罪を犯した疑いのある人を裁く裁判で，民事裁判は，個人や企業《きぎょう》間の利害対立など，私人間の争いを裁く裁判である。

(2)刑事裁判は，被疑者の容疑がかたまると，検察官が被疑者を被告人として裁判所に起訴して行われる。民事裁判では，裁判所に訴えた人を原告，訴えられた人を被告という。資料中に検察官，被告人はいるが，原告，被告はいないことから判断する。

民事裁判	刑事裁判
私人間の争い	犯罪行為の裁判
原告と被告	検察官と被告人
和解・調停	有罪・無罪の判決 裁判員制度の導入

いずれの裁判も三審制を採用。

(4)裁判員制度は，刑事裁判の第一審において，くじで選ばれた6人の裁判員が，3人の裁判官とともに参加し，被告人が有罪かどうか，有罪であればどのような刑罰《けいばつ》をあたえるかを決める制度である。裁判に国民の視点を取り入れるため，司法制度改革の1つとして2009年から始まった。

4 (1)**ア**…地方公共団体の議会で定めるのは条例。特別法は法律で，その地方公共団体の住民投票で過半数の同意を得られれば国会で制定される。

(2)**Y**…国からの給付金は地方交付税交付金と国庫支出金で，使い道が指定されていない地方交付税交付金は，地方公共団体間の経済格差を是正するためのものである。

(3)**ア**…首長は議会の解散をすることもできる。**イ**…市町村長の解職請求に必要な署名数は有権者の3分の1以上である。

確認 **◆日本国憲法の重要な条文2**

次の条文の1～11にあてはまる語句は？

第41条　国会は，(1)の最高機関であって，国の唯一の(2)機関である。

第52条　国会の(3)は，毎年1回これを召集する。

第60条①　(4)は，さきに衆議院に提出しなければならない。

第66条③　内閣は，(5)権の行使について，国会に対し(6)して責任を負う。

第68条①　内閣総理大臣は，国務大臣を(7)する。但し，その(8)は，国会議員の中から選ばれなければならない。

第76条①　すべて(9)権は，最高裁判所及び法律の定めるところにより設置する下級裁判所に属する。

第81条　最高裁判所は，一切の法律，命令，規則又は処分が(10)に適合するかしないかを決定する権限を有する終審裁判所である。

第94条　地方公共団体は，その財産を管理し，事務を処理し，及び行政を執行する権能を有し，法律の範囲内で(11)を制定することができる。

【答え】

1国権　2立法　3常会　4予算　5行政　6連帯　7任命　8過半数　9司法　10憲法　11条例

入試につながる

●選挙に関する年齢《ねんれい》制限

30歳以上…都道府県知事と参議院議員の被選挙権，25歳以上…市(区)町村長，都道府県・市(区)町村議会議員，衆議院議員の被選挙権，18歳以上…選挙権である。

公民3

第14回 国民経済と政府の役割

本冊 p.56~59

ステップ2

1 (1)①交通・通信 ②(例)自動車，携帯電話，インターネットなどが普及《ふきゅう》したから。 ③**ウ**
(2)① c ②小売業 (3)①(例)より多くの利潤をあげること。 ②株主
(4)①**イ** ②(例)所得税，相続税 ③(例)公共事業の拡大，減税

2 (1)**a ウ** **b イ** **c ア** **d ウ** (2)**A イ・ウ** **B ア・エ**

3 (1)**a エ** **b ウ** **c ア** (2)円高 (3)**ウ**

解説

1 (1)①交通・通信は，1970年の5.2％から2020年の14.4％に増えた。割合がもっとも減ったのは食料である。

②現代社会の特質を表す言葉の1つに「情報社会」がある。インターネットや携帯《けいたい》電話が急速に普及しており，通信費もそれに合わせて増加している。

③家計の収入には，会社や官庁などに勤務して得られる給与収入，個人で農業や工場，商店などを営んで得られる事業収入，土地などを貸すことで得られる地代や預貯金・株式から得られる利子・配当などの財産収入などがある。

(2)① **a** は百貨店，**b** は大型スーパーマーケットである。近年，百貨店の売り上げは減少している。

②消費者に商品を販売する業種を小売業という。小売業者には，本屋や肉屋などの商店のほか，百貨店，スーパーマーケット，コンビニエンスストアなども含まれる。

(3)①企業の規模が大きくなると，必要な資本も多額になり，それを個人でまかなうのは困難である。そこで，株式会社は必要とする資金を少額の単位（株式）に分けて多くの出資者から資金を集め，企業活動を行う。

②株主は，株式会社に対する出資者のことで，株主総会に出席でき，原則1株につきひとつの議決権をもつ。また，会社の利益に応じて配当を受ける。

(4)①**ア**は社会保障関係費。近年，急速に高齢化が進んでいるため，年金保険や介護保険などのサービスを受ける人の数が増加し，費用がふくらんできている。そのため，国の歳出に占める割合が，最も高くなっている。**イ**は国債費。近年，国債の発行量が増加してきており，利子と返済に伴う費用の割合が増加し，社会保障関係費に次いで割合が高い。**ウ**は地方交付税交付金，**エ**は公共事業関係費。

②累進課税は，税負担の公平をはかるため，所得の多い人ほど税率は高く，少ない人には低くする制度。わが国では所得税や相続税などで採用されている。

③政府が行うものを財政政策という。不況《ふきょう》が長引くときは，減税や公共事業の拡大を実施《じっし》して景気を刺激《しげき》し，市中にお金が出回るようにする。

◆経済の循環

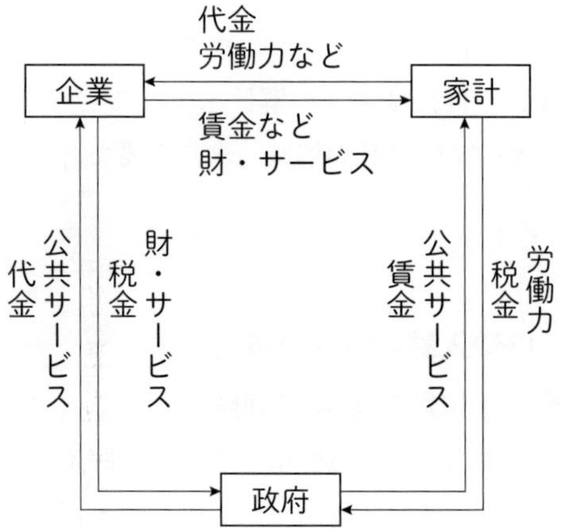

2 (1)市場価格は，需要と供給の関係で決まる。需要量は商品を購入しようとする量で，供給量は商品が市場に出回る量である。一般《いっぱん》に，「需要量＜供給量」のとき価格は下落し，「需要量＞供給量」のときは価格が上昇する。

(2) **A** は好景気（好況《こうきょう》）のときで，経済活動が活発になる。**B** は不景気（不況）のときで，経済活動は停滞《ていたい》する。

◆物価の変動

インフレーション…好景気のとき，物価が上がり続ける状態。通貨の価値が下がり，物価が上昇する。

デフレーション…不景気のとき，物価が下がり続ける状態。生産が多すぎるため商品の量が増え，通貨量が商品の流通に必要な量以下になり，物価が下がる。

デフレスパイラル…商品の値段が下がることで会社の利益が減り，従業員の給料が下がることにより，さらに値段を下げないと商品が売れなくなる。このように，ものの値段や給料がどんどん下がり続ける悪循環のこと。

3 (1) **a** 1000000 ÷ 100 = 10000となる。

b 1000000 ÷ 125 = 8000となる。

c 1ドル100円のときは，アメリカ国内の自動車の価格は10000ドル，1ドル125円のときは，自動車の価格は8000ドルとなる。1ドル100円のとき，アメリカの消費者からみると自動車を購入するために2000ドル多く支払う必要がある。

(2) 1ドル125円から1ドル100円になることを円の価値が上がることから円高という。円高のとき，輸出品の外国での価格は高くなる。

(3) **ア**…労働時間や休日などの労働条件の最低限の基準を定めている法律は労働基準法である。**イ**…一人あたりの労働時間を短くすることで，より多くの就業者をうみ出すしくみをワーク・シェアリングという。ワーク・ライフ・バランスとは，仕事と個人の生活の調和のことである。**エ**…セーフティネットとは，失敗したときでも，安全（セーフティ）なように網《あみ》（ネット）が準備されているしくみのことである。仕事を紹介《しょうかい》してくれるハローワークや，生活の保障と自立支援をする生活保護制度などがある。

◆労働三法

労働基準法…労働条件の最低限の基準（1日8時間以内，週40時間以内労働，男女同一賃金など）を定める。

労働組合法…労働組合を組織する権利の保障などを定める。

労働関係調整法…労働者と使用者の間の問題の解決をはかる。

入試につながる

●円高・円安

外国の通貨に対して，円の価値が高くなることを円高，低くなることを円安という。1ドル100円のように，異なる通貨間の価値の比率のことを為替《かわせ》レート（為替相場）という。

円高…日本への輸入産業が有利となり，日本人の海外旅行が増える傾向《けいこう》にある。

円安…日本からの輸出産業が有利となり，外国人の日本旅行が増える傾向にある。

公民4

第15回 地球環境と国際社会

本冊 p.60～63

ステップ2

1 (1)①ニューヨーク ②総会 ③拒否権 ④ⓐカ ⓑオ ⓒア (2)冷戦(冷たい戦争)
(3)北大西洋条約機構 (4)Dオ Fア Gウ (5)①酸性雨 ②オゾン層の破壊
(6)Ⅰ核拡散防止(核兵器不拡散) Ⅱ京都 Ⅲパリ (7)c

2 (1)①ウ ②イ (2)①ベルリン ②アメリカ合衆国・ソ連

3 (1)イ (2)ア (3)A日本 Bアメリカ

解説

1 (1)①国際連合は，1945年に発足し，本部はアメリカのニューヨークに置かれた。前身の国際連盟の本部は，スイスのジュネーブに置かれていた。

②総会は，全加盟国で構成され，1国1票の投票権をもつ。年1回定期的に開かれる。

③拒否権は，安全保障理事会の常任理事国にあたえられている，決議を拒否する権限である。重要事項《じこう》の決定には，9理事国以上の賛成が必要とされ，常任理事国の1国でも拒否権を発動させると，議案は否決されることになる。

④ⓒ国際労働機関は，各国の政府・使用者・労働者の協力を通じて，労働条件の向上，労働問題の解決などの活動を行っている。

(2)第二次世界大戦後，アメリカ合衆国を中心とする資本主義諸国と，ソ連を中心とする社会主義諸国との間の直接戦火を交えない対立を冷戦（冷たい戦争）とよんだ。

(3)NATO（北大西洋条約機構）は西側諸国の軍事同盟で，冷戦が深刻化する中で結成された。

(5)①酸性雨とは，石油などを燃やして排出《はいしゅつ》される窒素酸化物や硫黄酸化物の作用により，酸性度が強まった雨のこと。森林が枯《か》れたり，湖の魚が死滅《しめつ》したり，建物の表面がとけたりする被害《ひがい》が出ている。

②オゾン層の破壊《はかい》は，フロンガスなどによるもので，地表に達する紫外線《しがいせん》の増加が問題となる。紫外線は人体には有害で，皮膚《ひふ》ガンなどを引き起こすことが指摘《してき》されている。

◆地球環境問題の原因

地球温暖化→二酸化炭素などの温室効果ガス
酸性雨→硫黄酸化物や窒素酸化物
オゾン層の破壊→フロンガス
砂漠化《さばくか》→過放牧，過度の焼畑農業
熱帯林の破壊→鉱山や農地の開発，道路の建設，輸出用木材の伐採《ばっさい》

(6)Ⅰアメリカ，ソ連（現ロシア），イギリス，フランス，中国以外は核兵器をもつことを禁じた。

◆核軍縮

1968年 核拡散防止条約…この条約以降も新たに核兵器を保有したり，保有しようとしたりしている国があることが問題となっている。
1996年 包括的核実験禁止条約…爆発を伴うすべての核実験の禁止（未発効）。
2017年 核兵器禁止条約…核兵器の廃絶を目指す条約だが，核保有国を中心に日本を含む多くの国が参加していない。

2 (1)2002年9月にスイス（ヨーロッパ）と東ティモール（アジア），2006年6月にモンテネグロ（ヨーロッパ），2011年7月に南スーダン（アフリカ）が加盟した。加盟国数は193か国であ

る（2022年５月）。

⑵①ベルリンを東西に分けたベルリンの壁は冷戦（冷たい戦争）の象徴《しょうちょう》とされていた。ソ連でペレストロイカが進むと，東欧《とうおう》諸国にも改革と自立を求める動きが起こり，1989年，この壁が取り壊《こわ》された。

②1989年，ベルリンの壁が崩壊し，その後，地中海にあるマルタ島でアメリカのブッシュ大統領と，ソ連のゴルバチョフ書記長による米ソ首脳会談が行われ，冷戦の終結が宣言された。ソ連は1991年に崩壊し，ロシア連邦《れんぽう》などに分かれて独立した。

1949年…北大西洋条約機構の成立
1955年…ワルシャワ条約機構の成立
1989年…ベルリンの壁崩壊
1989年…マルタ会談で冷戦終結の宣言

3⑴**ア**…水俣病の原因物質は有機水銀。
ウ…1967年に制定されたのが公害対策基本法である。その後，1993年に公害対策基本法を発展させた環境基本法が制定された。**エ**…国連環境開発会議（地球サミット）はブラジルのリオデジャネイロで開催された。

◆四大公害病
水俣病…有機水銀（メチル水銀）
新潟《にいがた》水俣病…有機水銀（メチル水銀）
イタイイタイ病…カドミウム
四日市《よっかいち》ぜんそく…二酸化硫黄(窒素化合物)

⑵**A**…中国，**B**…アメリカ，**C**…EU，**D**…インドとなる。

⑶1991年以降10年間にわたって世界１位を維持してきた日本のODAは，2001年～2005年にはアメリカに次いで２位となった。その後順位は後退し，2019年では４位となっている。

◆環境保全
再生可能エネルギー…水力，風力，太陽光，地熱などの技術革新。
循環型社会形成推進基本法（2000年）…廃棄物などを再活用してなるべくごみを出さない社会を目指す。
３R…リデュース（ごみをへらす），リユース（再使用），リサイクル（再生利用）。

入試につながる

●略称と正式名称をおさえる
ILO（国際労働機関），WHO（世界保健機関），WTO（世界貿易機関），UNESCO（国連教育科学文化機関），UNICEF（国連児童基金），UNCTAD（国連貿易開発会議），APEC（アジア太平洋経済協力会議），ASEAN（東南アジア諸国連合），OPEC（石油輸出国機構），NGO（非政府組織），NPO（非営利団体），ODA（政府開発援助），TPP（環太平洋経済連携協定）

第1回 高校入試実戦テスト

本冊 p.66〜69

1 (1)ユーラシア大陸　(2)**ウ**　(3)**エ**　(4)環太平洋造山帯　(5)スペイン
(6)(例)(カナダ，アメリカ，メキシコの3か国は，)貿易協定を結び，経済の面で結びつきを強めている。

2 (1)**イ**　(2)**ア・エ**　(3)**エ**

3 (1)**ウ**　(2)国権　(3)**ア・エ**　(4)**イ**　(5)a(例)国会に対して連帯して責任を負う　b大統領
(6)(例)再議を求める

4 (1)A新潟県・②　B群馬県・④　(2)a**イ**　b**ア**　c**ウ**　(3)**イ→ウ→ア**　(4)モンテスキュー
(5)団結権　(6)番人　(7)a与　b野

解説

1 (1)世界には6つの大陸があり，まとめて六大陸という。広い順に，ユーラシア大陸，アフリカ大陸，北アメリカ大陸，南アメリカ大陸，南極大陸，オーストラリア大陸である。アフリカ大陸は，大西洋とインド洋に面している。オーストラリア大陸は，大陸全体が一つの国の領土となっている。

(2)地図中の⬭は，日本列島の対蹠点《たいせきてん》の近くに位置している。対蹠点とは，ある地点から見て，地球の中心を通って反対側にある地点のことである。北極点の対蹠点は南極点となる。例えば，ある地点が北緯38度，東経135度の場合，その対蹠点は南緯38度，西経45度の地点となる。

(3)**ア**はブラジル，**イ**はインド，**ウ**はインドネシアとなる。

◆**おもな国の輸出額上位品目**

中国…機械類，衣類，繊維品
インドネシア…石炭，パーム油，機械類
フィリピン…機械類，野菜・果実
ドイツ…機械類，自動車，医薬品
フランス…機械類，航空機，自動車
ロシア…原油，石油製品，鉄鋼
アメリカ…機械類，自動車，石油製品
ブラジル…大豆，原油，鉄鉱石
オーストラリア…鉄鉱石，石炭

(「2021/22 世界国勢図会」)

(4)世界には造山帯が2つある。ヨーロッパからインドネシアの島々まで続くアルプス・ヒマラヤ造山帯と，太平洋を取り囲むように連なる環《かん》太平洋造山帯である。

(5)ヒスパニックはメキシコと国境を接している州などに多く分布している。

(6)3か国の中で比較《ひかく》的賃金が安いメキシコに，アメリカやカナダから多くの工場が移転し，メキシコでは，自動車工業やハイテク産業がさかんになっている。

2 (1)奈良《なら》時代から平安《へいあん》時代のころ，朝廷は，現在の東北地方から北海道地方に住んでおり，朝廷の支配下にはいっていない人々のことを蝦夷とよんだ。桓武天皇は，坂上田村麻呂を征夷大将軍に任命し，蝦夷を従わせた。

(2)織田信長が一乗谷を攻略したのは1573年のことである。**ア**…1688〜89年，**イ**…1392年，**ウ**…1492年，**エ**…1857〜59年のできごとである。

(3)戊辰戦争は，薩摩《さつま》藩・長州《ちょうしゅう》藩を中心とする新政府軍と旧幕府軍の戦いである。鳥羽《とば》・伏見《ふしみ》(京都府)で始まった戦いは新政府軍が優位にすすめ，函館の五稜郭に立てこもった旧幕府軍を降伏《こうふく》させ，終結した。

3 (1)**ア**…1689年，**イ**…1889年，**ウ**…1776年，**エ**…1919年のできごとである。

(3)**イ**…国政調査権は衆議院と参議院のそれぞれが独立して行使できる。**ウ**…憲法改正の発議は，衆議院と参議院でそれぞれ総議員の３分の２以上の賛成が必要であり，衆議院の優越は認められていない。

(4)**ア**…裁判所，**ウ**と**エ**…国会の仕事である。

(5)大統領制では，大統領も議員も国民の選挙によって直接選ばれ，大統領は議会に対して責任を負わない。一方，議院内閣制では，内閣総理大臣や国務大臣は国民の選挙によって選出されず，内閣総理大臣は国会の指名，国務大臣は内閣総理大臣の任命により選出される。内閣は国会に対し，行政権の行使について連帯して責任を負っている。

(6)ともに住民の直接選挙で選ばれる首長と議員は対等であり，首長は議会の決定が不服である場合は，議決を拒否《きょひ》して審議のやり直しを求めることができる。一方，議会は首長に対して，行政についての説明を求めることができ，議会が首長の方針に反対であるならば，不信任の決議をすることができる。

4 (1)①…山形県，②…新潟県，③…千葉県，④…群馬県，⑤…福島県である。**A**…「上杉謙信」や「日本有数の米の生産地」などから②の新潟県，**B**…「富岡製糸場」などから④の群馬県となる。

(2)北方領土で最も面積が広いのは択捉島で，次に広いのが国後島である。

(3)**ア**…「キリシタン大名」から，戦国時代のこと，**イ**…1095年（平安時代），**ウ**…1498年（室町時代）のことである。

(5)労働基本権（労働三権）は，労働組合を結成して団結する権利（団結権），労働条件の改善を訴《うった》えて使用者と交渉する権利（団体交渉権）とその要求が達せられない場合，ストライキなどの行動をとって強く要求する権利（団体行動権）からなる。

(6)裁判所は，法律や条例などが憲法に違反していないかを審査する違憲立法審査権をもち，最高裁判所は最終的に憲法違反かどうかを決定する権限をもっていることから，「憲法の番人」とよばれている。

(7)政権をになう党を与党，それ以外の政党を野党といい，野党は，与党の政策を批判したり政治を監視したりしている。日本では1955年以降，自由民主党（自民党）がほぼ一貫して単独で与党となり政権を担当してきた。1990年代以降は複数の与党で政権を担当する連立政権がつくられている。

入試につながる

1 おもな国の輸出上位品目からどの国のものであるかを特定できるようにしておこう。

2 重要な世界のできごとが起きたとき，日本ではどの時代だったのかを確認しておこう。

3 重要用語は覚えるだけでなく，その用語の内容を説明できるようにしておこう。

4 地名や遺跡《いせき》などは，必ず地図帳で場所を確認するようにしよう。

第2回 高校入試実戦テスト

本冊 p.70~73

1 (1)①シラス(台地)　②ハザードマップ(防災マップ)　(2)**ア**　(3)**エ**
(4)(例)河川が短く，降った雨の多くが海に流れてしまうから。

2 (1)**イ**
(2)(例)薩英戦争で列強の軍事力を実感し，攘夷が難しいことを知ったので，列強の技術などを学び，幕府に対抗できる実力を備えようとしていたから。
(3)岩倉使節団　(4)**エ**　(5)**エ**　(6)**ウ**

3 (1)**ア**　(2)**イ**　(3)法人(税)　(4)(企業の)社会的責任

4 (1)中大兄皇子　(2)**イ**　(3)枕草子　(4)①**エ**
②(例)領地が細分化し，幕府に緊急事態があったときに対応できなくなるから。　③建武の新政

解説

1 (1)①九州南部には，過去の大規模な火山活動の噴出物が厚く積もってできたシラス台地が広がっている。シラス台地は，非常に水を通しやすいため稲作《いなさく》には向かず，水が少なくやせた土地でも育つさつまいもが栽培《さいばい》されてきた。しかし，第二次世界大戦後にかんがい施《し》設《せつ》が整備され，野菜や茶など，収益の多い作物の栽培も行われるようになった。鹿児島の茶は，静岡や京都の茶にならぶブランド茶となっている。

②ハザードマップ（防災マップ）とは，台風などによる水害や火山の噴火，地震《じしん》による津《つ》波《なみ》などの自然災害による被害を予測し，災害発生時の被害範囲や避難《ひなん》経路，避難場所などの情報を示した地図である。多くの地方公共団体でハザードマップの作成，配布が行われている。

(2)**Z**付近の標高は127.5mである。また，**Y**から**Z**方向への間に100mの等高線があり，**Z**が**Y**より標高が高いことが確認できる。

(3)火山活動が活発な九州地方では，地下のマグマによって地下水が温められるため，各地に温泉がある。その地下水や地熱を利用した地熱発電がさかんである。九州地方では，このほかにも，太陽光発電や，バイオマス発電など，再生可能エネルギーを利用した発電も行われている。

(4)沖縄県には長い河川がなく，雨が降ってもすぐに海に流れてしまうため，雨が少ないと水不足になる。そのため，屋根の上に，雨水をろ過する貯水タンクを設置している家庭が多い。

2 (1)葛飾北斎は江戸時代の化政文化で活躍した浮世絵師である。**ア**の狩野永徳は安土桃山時代，**ウ**の尾形光琳と菱川師宣は江戸時代の元禄文化を代表する画家。

(2)薩摩藩は，薩英戦争に敗北後，攘夷が難しいことを知り，幕府を武力で倒《たお》す考えを強め，列強から技術を学んだ。

(3)岩倉使節団には，岩倉具視《いわくらともみ》，木戸孝允《きどたかよし》，伊藤《いとう》博文《ひろぶみ》，大久保利通《おおくぼとしみち》など政府関係者や，留学生として津田梅子《つだうめこ》などが同行した。

(4)**ア**…日本は第一次世界大戦時，ドイツが租借《そしゃく》していた山東《シャントン》半島の青島《チンタオ》を攻撃《こうげき》した。**イ**…日本は1910年に韓国《かんこく》を併合《へいごう》した。**ウ**…1905年のポーツマス条約により，樺太《からふと》の南半分を領有した。**エ**…1875年，樺太・千島《ちしま》交換条約により，千島列島をロシアより譲《ゆず》り受けた。

(5)日本が国際連盟を脱退したのは，1933年のことである。**ア**…1918年，**イ**…1929年，**ウ**…1932年，**エ**…1937年のできごとである。

(6)1972年，佐藤栄作首相のとき，沖縄が日本に

返還された。また，同年，田中角栄首相が，日中共同声明に署名をし，国交が正常化した。

3 (1)消費者を保護するため，製造物責任法（PL法）が施行《しこう》されたり，消費者庁が設置されたりした。

> **◆消費者の四つの権利**
> （アメリカのケネディ大統領）
> ・安全を求める権利
> ・知らされる権利
> ・選択する権利
> ・意見を反映させる権利

(2)**Y**…流通コスト削減のため，大規模小売業者は，大量の商品を生産者から直接仕入れて販売することもある。

(3)法人税とは，法人の所得（利益）に対して課される税金である。法人とは，法律で人と同じような権利や義務を認められた存在のことで，株式会社などがあてはまる。法人税と同じ，国税で直接税のものとして，所得税と相続税がある。

(4)企業の社会的責任（CSR）とは，企業が利益を求めるだけでなく，社会の一員として，社会的な影響に責任をもち，よりよい社会になるように努力することである。例えば，働いている人が安心・安全に働けるようにしたり，企業がある地域の人々に迷惑をかけないようにしたりすることである。

4 (1)中大兄皇子は，都を大津宮《おおつのみや》（滋賀《しが》県）に移し，即位して天智天皇となった。

(2)663年，百済の救援要請《きゅうえんようせい》に応じた日本は，白村江の戦いで唐・新羅連合軍に敗れた。その後，朝鮮半島統一を目指した新羅は，高句麗もほろぼし，唐の勢力を追放して朝鮮半島全域を支配した。

(3)漢字をくずしたかな文字は，９世紀ごろから使われはじめ，広まっていった。男性の役人が使う政治上の文書では漢文が用いられたが，かな文字は女性が日常的な表記に用いたため，宮廷の女性たちがかな文字を使って文学作品を書くようになった。

(4)①②恩賞を目当てにモンゴル軍との戦いに参加した御家人たちには，幕府から十分な恩賞が与えられず，不満が高まった。また，分割相続により領地が縮小し，借金を返済できず領地を売ってしまう御家人もいた。そのため幕府は御家人が売却《ばいきゃく》した領地を取り戻《もど》せるように徳政令を出した。

③後醍醐天皇の政治は，武士より皇族や貴族たちを優先させるものであったため，武士の不満が高まり，建武の新政は２年半で終わった。

入試につながる

1 地図記号，等高線の読み取り方を確認しておこう。
2 太平洋戦争に至るできごとが起きた順番を年表で確認しておこう。
3 税の種類（国税と地方税，直接税と間接税）や制度（累進《るいしん》課税）などを確認しておこう。
4 文学や建築の観点から国風文化の特徴をおさえておこう。

1 (1)太平洋 (2)ロシア連邦《れんぽう》 (3)南アメリカ大陸 (4)**い** (5)**イ**

2 (1)**エ** (2)①やませ ②(例)平年と比べて夏の日照時間が短く，気温が低かったから。
(3)促成栽培

3 (1)院政 (2)前方後円墳 (3)**エ→イ→ア→ウ** (4)**ウ** (5)千利休 (6)**ア**

4 (1)(例)政権を朝廷に返した (2)**ウ→イ→ア→エ** (3)**ウ** (4)フランス (5)吉田茂

5 (1)**ウ** (2)○○公共 △△福祉《ふくし》
(3)(例)(自由権や平等権の保障だけでは)貧困や失業を改善する(ことができなかったから。)
(4)国際連合 (5)**ウ**

6 (1)公正取引委員会 (2)(例)一般の銀行に対して，資金の貸し出しや預金の受け入れをおこなう。
(3)**イ** (4)Ⅰ京都 Ⅱパリ

解説

1 (1)南北アメリカ大陸とユーラシア大陸，オーストラリア大陸に挟《はさ》まれている海洋は太平洋である。

(2)日本の標準時子午線は東経135度である。地図からも確認できるように，東経135度の経線が通過する最も面積が大きい国は，ロシア連邦である。

(3)**P**大陸…南アメリカ大陸，**Q**大陸…アフリカ大陸，**R**大陸…オーストラリア大陸，**S**大陸…ユーラシア大陸，**T**大陸…北アメリカ大陸となる。赤道が，各大陸のどのあたりを通過するのかを考えて判断していく。

大陸	熱帯	乾燥帯
ユーラシア	7.4%	26.1
アフリカ	38.6	46.7
北アメリカ	5.2	14.4
南アメリカ	63.4	14.0
オーストラリア	16.9	57.2

「データブック オブ・ザ・ワールド 2022年版」

(4)日本が午後8時で，**A**さんの国は午前8時であることから，日本と**A**さんの国の時差は12時間となる。時差1時間で経度15度の差があることから，12時間×15度＝180度となり，日本から見て，地球の中心を通った裏側の**い**(西経45度)が**A**さんがいる場所となる。

(5)貿易額がもっとも多い**イ**がEUである。面積は広い順に，ロシア→カナダ→アメリカ→中国→ブラジル→オーストラリアであるから，**ウ**…アメリカ，**エ**…中国，**ア**…ブラジルと考える。日本の面積は37.8万km^2なので，**オ**となる。

◆EU以外のおもな経済地域 (2019年)

	面積(千km^2)	人口(百万人)	GDP(億ドル)
ASEAN	4487	661	31554
USMCA	21783	494	244312
メルコスール	13921	306	25674

(「世界国勢図会 2021/22年版」)

2 (1)**ア**…漁獲量が他と比べてとても少ないので内陸県である栃木県，**ウ**…第3次産業の割合が高いので東京都，**イ**と**エ**…三重県の製造品出荷額は鳥取県より高いため，**エ**が三重県となる。

(2)梅雨明け後の東北地方の太平洋側では，冷たく湿った風であるやませが，海から吹き込《こ》む。やませが長く続くと日照不足と低温から稲の生育が遅《おく》れる冷害が発生しやすくなる。

(3)促成栽培，抑制栽培とも，市場に出回る農作物が少なく，価格が高い時期に出荷する栽培方法である。

◆漁獲量が多い道県（2018年）

北海道（88万ｔ）
長崎県（29万ｔ）
茨城県（26万ｔ）
静岡県（20万ｔ）
宮城県（18万ｔ）

（「2021データでみる県勢」）

3 (1)院政とは，摂政や関白に代わって，天皇の父親が天皇の補佐《ほさ》をするしくみである。上皇は，天皇と異なり，自由な立場で政治を行うことができた。

白河上皇が院政を始めたころ（1086年〜）の世界のできごととしては，十字軍の遠征《えんせい》の始まり（1096年〜）がある。

(3)**ア**…「坂上田村麻呂は，蝦夷のおもな拠点を攻め」から平安時代初期，**イ**…「聖武天皇は〜都に東大寺を建てた」から奈良時代，**ウ**…「『平家物語』が，琵琶法師によって」から鎌《かま》倉《くら》時代，**エ**…「壬申の乱に勝って即位した天武天皇」から飛鳥時代のできごとと判断する。

(4)**ア**…「老中」などから江戸時代，**イ**…「執権」などから鎌倉時代，**エ**…「太政官」や「八つの省」などから奈良時代以降の政治について述べたものであるとわかる。

(5)千利休は，室町《むろまち》時代に始まった茶の湯を，静かな空間の中で，素朴《そぼく》な茶道具を使い，洗練された所作で客人をもてなす，わび茶へと成長させた。

(6)**ア**…1517年，**イ**…1775年，**ウ**…610年ごろ，**エ**…936年のできごとである。それぞれの世界のできごとが起きた時期に近い日本のできごとは，**ア**…ポルトガル人による鉄砲《てっぽう》伝来（1543年）。**イ**…田沼意次《たぬまおきつぐ》の老中就任（1772年）。**ウ**…聖徳太子《しょうとくたいし》による法隆寺建立《こんりゅう》（607年）。**エ**…平将門《たいらのまさかど》の乱（939年）である。

◆おもな乱

壬申の乱…672年（飛鳥時代）
平将門の乱*…939年（平安時代）
藤原純友《ふじわらのすみとも》の乱…939年（平安時代）
保元《ほうげん》の乱…1156年（平安時代）
平治《へいじ》の乱…1159年（平安時代）
承久《じょうきゅう》の乱…1221年（鎌倉時代）
応仁《おうにん》の乱…1467年（室町時代）
大塩《おおしお》の乱…1837年（江戸時代）

＊935年とする説もある

4 (1)幕末の混乱した情勢の中で，徳川慶喜は，1867年，公武合体の立場をとる土佐藩のすすめもあり，天皇へ政権を返すことを申し出た。慶喜には，あえて自ら政権を返上することで，新しい指導体制のもとでも政治の主導権を握《にぎ》るというねらいがあった。

(2)**ア**…日比谷焼き打ち事件は1905年のできごとである。日露戦争後に結ばれたポーツマス条約では，国内の犠牲《ぎせい》の大きさにもかかわらず，ロシアからの賠償《ばいしょう》金が得られなかったことから国民から強い不満の声があがり，暴動に発展した。**イ**…義和団事件は1900年のできごとである。列強諸国は，日清戦争に敗れた清に進出した。このような列強諸国の動きに対して，排外《はいがい》的な民衆運動の団体である義和団が力を増し，北京《ペキン》の外国公使館を取り囲んだ。**ウ**…甲午農民戦争は1894年のできごとである。朝鮮をめぐって日本と清が対立する中，朝鮮では，政府や外国勢力に反対する大規模な農民の暴動が起きた。**エ**…辛亥革命は1911年〜のできごとである。三民主義を唱える孫《そん》文《ぶん》は，清を倒《たお》して近代国家をめざす革命運動を起こした。1912年，孫文は臨時大総統に就任し，アジアで最初の共和国憲法を制定した。

◆中国の王朝や国と日本の時代

中国の王朝や国	おもな日本の時代
漢	弥生時代
隋	飛鳥時代
唐	奈良～平安時代
宋	平安時代
元	鎌倉時代
明	室町～安土桃山時代
清	江戸～明治時代
中華民国	大正～昭和時代
中華人民共和国	昭和～現代

(3)第一次世界大戦中，連合国やアメリカへの工業製品の輸出が増える一方，欧米《おうべい》からの輸入が止まったことにより，鉄鋼や造船などの重化学工業が成長し，工業生産額は農業生産額を上回るようになった。

(4)日本は，アメリカの中国を援助《えんじょ》するルートを断ち切り，必要な資源を確保するために，1940年，フランス領インドシナ北部に軍をすすめた。

(5)中国は講和会議に招かれず，インド・ビルマ（今のミャンマー）は条約に反対して，講和会議に参加しなかった。また，ソ連，チェコスロバキア，ポーランドは条約に反対して調印しなかった。

5 (1)**ア**…奴隷的拘束や苦役からの自由は生命・身体の自由，**イ**…表現の自由は精神の自由である。

◆日本国憲法の自由権

精神の自由
・思想，良心の自由
・信教の自由
・集会，結社，表現の自由など
・学問の自由

生命・身体の自由
・奴隷的拘束《こうそく》，苦役からの自由
・法定の手続きの保障
・逮捕《たいほ》，拘禁などに対する保障
・拷問の禁止，自白の強要の禁止などの刑事手続きの保障

経済活動の自由
・居住，移転と職業選択の自由
・財産権の保障

(2)公共施設《しせつ》を建設するために土地が収用されたり，建物の高さ制限がされたりするなど，経済活動の自由は精神の自由に比べて，公共の福祉による制限を受けやすい。

(3)19世紀に発達した資本主義は，社会を豊かにした反面，貧富《ひんぷ》の差を生んだ。20世紀に入ると，国は国民の自由を保障するだけでは不十分で，人々の生活に介入して貧富の差を是正《ぜせい》し，すべての人に人間らしい生活を営む権利を保障すべきだという考えが生まれた。

(4)1948年，達成すべき共通の人権保障の水準として世界人権宣言が，国際連合総会で採択された。また，1966年には，人権の保障を義務付ける国際人権規約が採択された。

(5)新しい人権として，日本国憲法には直接の記載はないが，環境権をはじめ，プライバシーの権利や知る権利などが認められている。

◆おもな新しい人権

・環境権→環境保全のために，環境基本法や事前に環境への影響《えいきょう》を調査する環境アセスメント（環境影響評価）も義務付けられている。
・プライバシーの権利→私的な情報が勝手に利用されたり他人に知られたりしないように個人情報保護法が制定されている。
・知る権利→主権者として政治について正しい判断を下すためには，国や地方公共団体の情報を知る必要がある。知る権利のためにつくられたのが情報公開制度である。
・自己決定権→患者が自分自身で治療方法を決定できるように，手術の方法などを

医師が十分に説明して同意を得るインフォームド・コンセントが求められている。

6 (1)公正取引委員会は，不正な価格操作などがあると，企業《きぎょう》を摘発《てきはつ》し，罰金《ばっきん》の支払いを命じることができる。

(2)日本の中央銀行である日本銀行は，通貨や金融の調整を行い，国の財政政策と協議しながら金融政策を実施する。

◆日本銀行の三つの役割
- 発券銀行…日本で唯一の発券銀行として日本銀行券を発行する。
- 政府の銀行…日本銀行にある国の預金口座に，税金や社会保険料などの国の収入を預かる。この口座から，公共事業費や年金など国の支出が支払われる。
- 銀行の銀行…一般の銀行の預金を受け入れたり，銀行に資金を貸し出したりする。

(3)**Y**…20歳以上ではなく，40歳以上である。また希望制でなく，全員が加入する。

◆社会保障制度
- 社会保険→医療保険，介護保険，年金保険，雇用保険，労災保険
- 公衆衛生→感染症対策，予防接種，上下水道整備，公害対策など
- 社会福祉→高齢者福祉，障がい者福祉，児童福祉，母子福祉など
- 公的扶助→生活保護（生活，教育，住宅，医療などの扶助）

(4)パリ協定とは，途上国を含むすべての参加国に，温室効果ガスの排出削減の努力を求める枠組みである。

◆環境問題への取り組み

1971	ラムサール条約採択
1972	国連人間環境会議(ストックホルム)
1992	国連環境開発会議（地球サミット）(リオデジャネイロ)
1997	地球温暖化防止京都会議 京都議定書採択
2002	持続可能な開発に関する世界首脳会議（環境開発サミット）(ヨハネスバーグ)
2015	パリ協定採択

入試につながる

1 時差の問題はよく出題されるので，時差の求め方を確認しておこう。
2 各都道府県の人口，面積，産業などを確認しておこう。
3 歴史の重要なできごとがいつの時代に起こったのかを確認しておこう。
4 明治以降の日本の工業化について，整理しておこう。
5 人権については，世界の人権保障の確立の内容と関連させて，おさえておこう。
6 価格の決まり方，日本銀行，社会保障，環境などは基本的な用語をおさえておこう。